JN213037

たくみに手なずける
「ずるい言葉」

「だれにも言っちゃだめだよ」に従ってしまう子どもたち

犯罪心理学者
横浜思春期問題研究所副所長
櫻井 鼓

WAVE出版

　はじめまして、櫻井と申します。本書を手に取っていただき、ありがとうございます。

　突然ですがみなさん、「性的グルーミング（性的手なずけ行為）」を知っていますか？　性的グルーミングというのは、わいせつ目的で若者を手なずける行為のことです。

　性加害の中には、愛情や信頼という関係性を利用して、わいせつ行為に導いていくという悪質なだましの手口があるのです。みなさんが日々使っているSNSによって、この手口はより巧妙化しています。

　私はこれまで、被害者のケアや被害者の心理分析をする仕事にたずさわってきました。私にとって、専門家の人たちと性暴力の問題を共有し、考え続けることは、使命だと思っています。

　でも、性被害を防ぐためには、こういった話を10代、20代の人や子どもを育てている親御さんといった、いちばん必要とされる年代の人たちにお届けすることも必要と考えるようになりました。

　性的グルーミングは、①被害者となる対象を探し出す、②関係性を構築する、③周囲から隔離する、④性的な行為に馴れさせ実行する、⑤口止めをする、という５つのプロセスをふみますので、その順序で章立てをしています。そして、プロセスの中でみられるだましの手口には、心理学で説明できる要素がたくさんあります。

そこで本書では、私が実際に心理分析をする中でみてきた、加害者の手口、被害者がおちいる心理を解説しています。被害防止に役立つことを願っていますが、すでに性被害を経験されている方もいるかもしれません。

　そういった方のために、コラムや巻末には、相談することについての私からのメッセージや、相談先に関する情報も載せました。

　加害者がどんなふうに巧妙なのか、そこからどうやって抜け出したらよいのか。まずは本書をめくって知っていただけたらと思います。

「だれにも言っちゃ だめだよ」に 従ってしまう子どもたち

たくみに手なずける 「ずるい言葉」

CONTENTS

ブックデザイン　小川恵子（瀬戸内デザイン）
本文DTP　株式会社サンフエルサ
カバーイラスト　kigimura
校正　株式会社ぷれす

一部、言葉ではない項目もありますが、
「性的グルーミング」の段階をわかりやすく
　説明するために必要なので入れています。

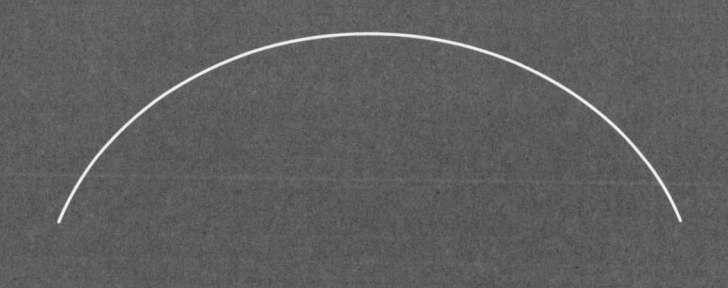

第 1 章

対象を探し出す
言葉

SNS（DM）

出身ってどこ？

よろしくです！
よかったら返信お願いします！

よろしくー、Aです！

横浜で学生やってます！
Aちゃんは横浜来たことある？

何度かありますー

へー。Aちゃんは出身ってどこ？

出会いの最初は慎重に

　みなさん、このやりとり、どんなふうに感じますか？　こんな軽いノリで始まること、SNSだったらありますよね。どんなふうに感じるもなにも、よくあるやりとりで、こんなところでいちいち引っかかっていられないって思う人もいるでしょう。SNSだからこそ、ノリのよさやスピード感が大事なのだと思います。そうでなければ、やりとりから置いていかれてしまいそうですよね。

　スピード感と言えば、これまでSNSでは、加工した画像や動画をアップするということが主流でしたよね。でも最近は、ある写真共有アプリなどでも見られるとおり、「今」や「そのまま」を送り合うことが若者の間で人気です。

　こういったやりとりでは、「（画像を加工するから）しばらく待って！」というわけにいきません。瞬時に、実際の姿に近い画像や動画のやりとりをする、よりスピード感が必要な流行りに変わってきていると言えるでしょう。

　もちろん、そういったやりとりをすべて否定するわけではありません。

　でも、あえてここでは、出会いの最初だからこそ、立ち止まって慎重になってみたいと思うのです。

　初めての人と出会うことは、多少の緊張感をともなっています。入学式やクラス替え、入社式といった新たな出会いの場面では、不安やドキドキする気持ちをだれしも経験するのではないでしょうか。

そんなとき、相手のことを「この人ってどんな人かな」と思うと同時に、自分のことを相手から「よく思われたい」という気持ちが働いているはずです。こういったときでも、冷静に、いつもどおりに、自分のペースを守ってふるまうことができる人ももちろんいるでしょう。

でも、多くの人は、多少なりとも、いつもの自分とはちがった自分を演出してしまいます。心理学では、人は、他者に対して自分の印象をコントロールしようと「自己呈示（セルフ・プレゼンテーション）」を試みることが知られています。いつもの自分よりも少しだけにこやかに、少しだけ明るめに、少しだけ相手に合わせて……。

それは決して悪いことではありません。なぜなら、人と人とのコミュニケーションは、相手の調子に合わせようとするからこそ、成り立つのです。仏頂面をしていたら、話しかけにくい人だな、と思われてしまいそうです。

でも、ここに慎重になるべき要素の1つが隠れているのです。普段のやりとりだったら問題ないでしょう。でも、相手の目的が性的グルーミングの場合、相手のペースに合わせることで巻きこまれやすくなるという、ステップの1つが隠されていると考えることができます。

シーン①を少しくわしく見ていきます。最初のやりとりはあいさつですからいいでしょう。その後の2回目の返信で、「横浜来たことある？」と聞いてきた相手に合わせて、女の子は「何度かある」と答えています。ここで相手の質問に「それは言えない」などと言うのは、雰囲気にそぐわないからですよね。そ

んなこと言ったら、すぐにきらわれてしまいそうです。それに、これくらいのことは別にかまわないじゃないか、と思うかもしれません。

　でも、そこにちょっとした落とし穴があります。相手のペースに巻きこまれて、女の子は大事な個人情報を伝えてしまっているのです。この流れでは、シーン①の最後のようにたずねられたら、この女の子はきっと自分の出身地だって言ってしまうでしょう。

書かれているのは本当のこと？

　そもそもその前の、相手の言葉にも注目してみましょう。「横浜で学生やってます」って、本当でしょうか。この時点で疑うのはいじわるじゃないか、と思う人がいるかもしれませんが、そんなことはないのです。横浜じゃないかもしれないし、学生じゃないかもしれない。横浜も学生も両方うそで、本当は大阪の会社員かもしれません。

　それに、文章の雰囲気から、相手は男性、と思う人が多いかもしれません。でも、女性の可能性もありますよね。物事の最初から「本当？」と疑ってかかるのは難しいですし、人には案外、思いこみがあるのです。

　会話に限らず、さまざまな物事について、事前に100％正確な情報を得ることはできません。だから私たちは、今までの自分自身の経験や、ひとまず得られている情報から、起きている出来事を推測していくわけです。そのときに思いこみが入りま

す。それは決して悪いことではありません。なぜなら、少しずつ自分なりに推測していくことで、相手とのコミュニケーションは図られる面があるからです。

　たとえば、「○○さんは以前、自分の服装について何か言われるのがいやだって言ってたから、ファッションの話はしないようにしよう」と気をつかったりしますよね。実際の○○さんは、自分のことを言われるのがいやなだけで、ファッションの話題自体は好きかもしれない。

　でも、そうやって気にかけることで、相手との関係が円滑に進むことは多いのです。

　ただ、こうした思いこみや推測が、時にリスクにもなり得るということは覚えておいて損はないでしょう。やりとりをしている時点で、相手をあやしむことは少ないと思います。もちろん、つねに疑えと言っているわけではありません。でも、安心できる相手だとか、この人は大丈夫、と思ってしまうことによって、見えなくなることがあるのです。

 手なずけに気づくヒント

　見知らぬ相手とSNSでやりとりをするときには、相手の言っていることが本当か否か、いったん立ち止まって十分に検討するようにしましょう。安易に自分の個人的な情報や経験を伝えないようにすべきです。

心理学ひとロメモ

【ステレオタイプ (stereotype)】

　社会心理学で用いられる有名な「ドクター・スミス問題」があります。まずは次の文章を読んでみてください。

　ドクター・スミスは、アメリカのコロラド州立病院に勤務しているとても腕のいい外科医です。（中略）ドクター・スミスが夜勤をしていたある日、緊急外来の電話が鳴りました。交通事故のけが人を今からその病院へ運びこむので手術をしてほしいと言っています。父親が息子といっしょにドライブ中、ハンドル操作を誤って谷へ転落し、車は大破、父親は即死、子どもは重体だと救急隊員は告げました。20分後、重体の子どもが病院に運びこまれてきました。その子どもの顔を見て、ドクター・スミスはあっと驚き、その場に立ちすくんでしまいました。その子は、ドクター・スミスの息子だったのです。

　ここで問題です。ドクター・スミスは、即死した父親と重体の子どもとどのような関係にあると思いますか？

　さて、みなさんはどのように答えるでしょう。すぐに答えられた人もいるかもしれませんが、一瞬、あれ？　と思った人もいることでしょう。「ドクター・スミスは子どもの母親」が正解です。この問題は、ジェンダーに関するステレオタイプを問うものです。人は、属する集団で一般に信じられていることに沿って物事を見てしまいます。自分は客観的に物事を見ている、と思っていても、実は気づかないうちに、それまでの思いこみに沿って物事を判断してしまっていることがあるのです。

scene 2
SNS（DM）

(^^)/ 😊 🩶

 今、時間ある？(^^)/

どうしたんですか？

 空を見てみてよ😊

見ましたー

 夕焼けがきれいだね🩶

共有するものにいっしょに注意を向ける

　これ、なんでもない会話のように思えますよね。実際、シーン②のようなやりとりであれば、これだけで性的グルーミングかどうかを見分けることは困難です。ただ、こうしたやりとりは実際のところ、性的グルーミングの手口の初期に認められます。そこには、相手との関係をつくりやすくする要素が隠れているので、分けて説明していきましょう。

　1つ目の要素は、空を見る、夕焼けのきれいさを共有する、というところにあります。空の話題ですから、どうということはないと思うかもしれません。あるいは、2人だけの特別な時間を持とうとする誘いかけ、付き合っていないのに、あたかも恋人同士であるかのような甘い誘いかけが注意点だと思われるかもしれません。たしかにそのとおりです。

　よくある例としては、帰宅後の時間や夜などに、こうやって周りの人にわからないよう、SNSをとおしてひそかに2人だけの時間をつくっている、ということがあります。

　ただ、このやりとりは、それだけが特別な関係性をつくる要因になっているのではありません。2人で同じものを見る、というところに大きなポイントがあるのです。

　空をいっしょに見るというだけのことが、実は相手との関係をつくるのにとても有効だという理由を説明しましょう。

　心理学には、「共同注意」という概念があります。これは、他者と関心を共有するある対象に注意を向けるようにする力のことで、たとえば、幼児と母親の場面を想定しましょう。母親

が「ワンワンがいるよ」と言って指さすと、いっしょにいる子どもが犬の方向を見る、というものです。

　一般に、もっと幼い赤ちゃんの心の世界は、自分と他者（母親）や自分と物（おもちゃ）という２つの関係性でできていると言われています。ですから、共同注意というのは、「自分・他者（物）」という２つだけの世界から、「自分・他者・別の対象」という３つの世界に発展する、３つの関係性を理解できるようになるという点で発達上、大切な能力となるのです。

　そして、相手が注意を向けているもの、指さしているものがなんなのかがわかり、そちらを向くことができる、ということの前提には、それを言っている相手の意図が理解できる、ということがあります。それだけ、お互いのコミュニケーションが図れている、ということになるのです。

　シーン②にもどると、たかが空を眺めてみる、ということなのですが、そこには、相手の意図を推測し、受け取って、実行する、という心理的なプロセスが働いていることがわかります。女の子が相手の意図をくみ取る、という２人だけのコミュニケーションが発生してしまっているのです。

どう相手の印象に残すのか

　シーン②で相手と関係性を築いていくためのもう１つの要素は、絵文字やスタンプを多用していることです。たとえば、「えー」と「えー🤍」を比較してみても、受ける印象はまったく異なりますよね。

絵文字があることによって、ないよりも文章に感情がこめられているように思えますし、スタンプで返信されることで、文字だけよりも温和に感じたり、ユニークさが増したり、親近感を持ったり、という経験をみなさんもしていると思います。

　シーン②でも、絵文字がまったくなかったとしたら、受ける印象は異なるでしょう。もっと淡々と言われている感じを受けるかもしれません。

　子どもに対する性的グルーミングは世界的にも問題になっていて、研究が進んでいます。特に、オンラインで行われる性的グルーミングは簡単に国境を超えてしまうということもあって、さまざまな国で若者の実態が調査されています。そして、欧州で行われた研究でも、絵文字の効果について指摘されているのです。

　この研究では、加害者は、自分自身をよく見せるために、顔文字などを使ったり、若者が使うような言葉を用いてテキストを書いたりすることを明らかにしています。

　ところで、普段のSNSのやりとりでは、「スタ連」を経験している人も多いことでしょう。スタ連とは、同じスタンプを連打することを指します。最近の子どもたちは「スタ連いやだ」とよく言っていますから、いやだと感じる人も多いのだと思います。

　でも、スタ連は単にされたらいやなもの、ということで片づけられません。スタ連をされると、良くも悪くも強い印象が残りませんか？

　つまり、自然と相手に注意が向いてしまいやすくなるのです。

たとえば、ある病院の同じデザインの看板広告を、高速道路や駅のホームなど、あちこちでしつこいくらいに見かけることがあります。少し言葉は悪いかもしれませんが、ある意味での押しつけがましさ。

　でも、だからこそ強い印象が残って、忘れられなくなります。

　このように、普段の生活に自然と組みこまれる情報ほど強力なものはありません。無意識に、人の記憶にきざまれてしまうのです。

 手なずけに気づくヒント

　SNSの文面は、見た目の印象と、実際に言い表されている内容が異なることがあります。手軽にテンポよくやりとりできるところがSNSのメリットかもしれませんが、画面の文字面に惑わされず、返信する前に一歩引いて、相手がどんな考えで何を伝えようとしてきているのかを、吟味するようにしてみましょう。

【事後性 (deferred action)】

　精神分析の創始者である心理学者、フロイトによって用いられた言葉です。ある時点での体験や記憶が、その後、成長したり新たな体験をしたりすることで新しい意味を得ることを指します。トラウマにも事後性があります。トラウマ体験であっても、その後、さまざまな経験をすることによって、その意味合いが変容することがあるのです。

【アタッチメント (attachment)】

　児童精神科医で精神分析者のボウルビィによって名づけられました。アタッチメントとは、子どもと親、または養育者との絆のことを指しています。この絆が安定していると子どもは安心感を持てるので、遊びや課題に集中して取り組んだりすることができるのです。

　この概念を応用して考えると、トラウマを負った当事者を支援する人は、その当事者が心から安心できる状態で話を聞いたり支援したりすることが大切だと言えます。

【レジリエンス (resilience)】

　逆境的な状況、大きなストレスにも適応できる能力のことを指します。回復力などと訳されることもあり、トラウマからの回復のためには重要な力です。レジリエンスに影響を与える要因はいくつかありますが、安定したアタッチメントもその1つです。

　トラウマとは、心の傷のことです（くわしくは、P86「column 2」参照）。ここでは、トラウマ関連の用語をいくつか紹介しました。

手なづけの手口を罰する

令和5年に、性犯罪に関する規定の法改正が行われました。このとき、性犯罪を処罰する法律の中でも基本法と言われる刑法に新設されたのが、面会要求等罪です。正式な名称は少々おかたいのですが、新設前は通称で性的グルーミング罪と呼ばれることもありました。

この罪は、16歳未満の子どもに、わいせつ目的で、うそをつく・甘い言葉で誘う・拒否されているのに何度もくり返し誘う・金銭をわたすなどして会うことを求めたり、性的な画像を撮影して送ることを求めたりすると、処罰されるというものです。13歳から15歳の子どもについては、相手が5歳以上年長である場合に適用されます。

この罪がもうけられたのには、加害者が子どもを手なづける行為（性的グルーミング）をした結果、性被害にあってしまう子どもがいる、ということが知られてきたという背景があります。ですから、その手前の段階の手なづけ行為を罰しようとするもので、画期的と言えるかもしれません。

こういった、子どもを手なづける性的グルーミングの手口は、実は海外では1980年代ころから認識されていました。日本でも、そういった手口があることについて認識されてはいたものの、現在のように社会問題化はしていませんでした。

言葉や概念によって、それまでうもれていた現象に光が当たることがあります。性的グルーミングという概念によって、加害者の悪質なだましの手口が多くの人に意識されたと言えます。

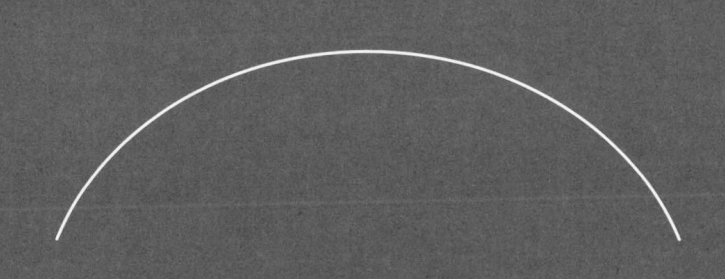

第 **2** 章

対象と関係を築く
言葉

対面

かわいいね。モテるでしょ

 あれ、今日はメガネしてないんだ

うん、コンタクトしてる

 へえ、メガネなしもかわいいね。
モテるでしょ！

私、人気ないし……。モテないよ

 いや、モテるモテる！
みんなわかってないんだー

ほめるのは常とう手段

シーン③は、対面を想定しています。ただし、これはSNSを介してでも行われる典型的な性的グルーミングの手口です。それは、「対象をほめる」ということです。だれだって、他人からほめられればうれしくなり、ほめてくれた相手に好意を持つことでしょう。

性的グルーミングでは、加害者が対象をほめることによって関係性を築いていくことが知られています。対象がうれしくなって、加害者に好意を抱く、ということを利用しているのです。

ここでは容姿についてほめていますが、それ以外にも、たとえば魅力的な体型であるとか、趣味が上手であるとか、ほめ方はさまざまです。

ほめるという手口は、大人が子どもに、あるいは、少なくとも年上の人が年下の人に用いると思われるかもしれませんが、実際には子ども同士の性的グルーミングの中でも起きています。

ほめられて悪い気になる人はいない

シーン③では、かわいいとほめられたけれど、人気もないし、モテない、と女の子にはとまどいがあったようです。すると相手はさらにモテるモテるとくり返します。

実は、この「くり返し」も特徴的だと感じます。同じ内容や語句をくり返して、加害者の自己主張を強化するのです。加害者から強く言われると、対象が子どもであったり、加害者より

弱い立場であったりする場合には、なかなか反論できません。

　自信がないことをだれかからほめられるのは、うれしいものですよね。自信があったとしても、ほめられればうれしいのは同じでしょう。

　ほめられたから落ちこんだ、ほめられて傷ついた、という人は、それがからかいでない限り、まずいません。うれしくなることは自然であり、当然なのです。ほめてくれる相手が、たとえどんな人であったとしても。

　ほめられることは、普段のやりとりであればまったく問題なく喜ばしいことですが、性的グルーミングの場合には注意しなければならない、と言わざるを得ないので、なかなか複雑です。そして、特にはじめは見分けにくいという難しさがあります。

　ただ、ほめるということを加害者がどのように利用しているのかを知っておくことが大事です。

　シーン③では、女の子にはそもそも、孤独感とか自信のなさがあるようです。そうした場合に自分のことをほめてくれる人や認めてくれる人がいたら、なおさらうれしくなる、ということはあるかもしれません。

　性的グルーミングの加害者は、そういった人の弱みをよく見ているのです。たとえば、家にいたくないとか、親との関係がうまくいっていないとか、精神的に不安定になっているとか。そうした弱みを抱えている人がターゲットになりやすい、ということが先行研究から明らかになっています。

　そうした弱みがあるとき、人はだれかに話を聞いてほしい、だれかに助けてほしい、理解されたい、という気持ちが起きる

ものです。加害者は、そういった弱みにつけこんでくるのです。

　そして加害者は、シーン③で女の子がメガネをしていないことに触れたように、ちょっとした相手の喜びそうな話題、承認欲求を満たしそうな話題をつかまえることに長けていると言えます。

「いいね」の功罪

　承認欲求は、特にSNSを介した性的グルーミングを考えるときのポイントだと思っています。先ほども書いたとおり、認められたいという気持ちはだれしもありますよね。

　SNSでは、「いいね」がすべてではないとしても、その数によって自分が認められている、人気があるという気持ちになってしまうことがあると思います。そして、自分の投稿にどのくらいの数の「いいね」がついているのかが、自分以外の人にもわかります。

　「いいね」欲しさに、見ている人たちの要求に応えたいと思ったり、より過激な動画をアップしようという気持ちになったりするのは、想像できることでしょう。

　また、「いいね」をだれがつけたのかが、投稿した本人にはわかります。ですから、「いいね」をつけて自分のことを認知してもらおうとする加害者がいることも事実です。

言われたとおりにふるまおうとする

　人は他人からの評価や期待を受けると、そのとおりにふるまおうとすることがあります。たとえば、「優秀」とか「仕事ができる」とほめられたら、勉強しなくては、とか仕事をちゃんとしよう、などと考えるのです。

　また、「優しい」とほめられる場合もあります。それ自体は悪いことではないのですが、そう言われると、たとえば、相手とは反対の意見や自分の主張をはっきりと言いにくくなる、ということがあるかもしれません。そうだとしたら、要注意です。

　性的グルーミングの加害者が対象を「優しい」とほめるとき、それが結果的に加害者を気づかうような、加害者が期待したとおりの対象の言動を引き出すことにつながることがある、ということは知っておくといいでしょう。

手なずけに気づくヒント

　あなたを認めたり、評価したりすることは、冷静に考えれば知り合ってすぐにできることではありません。まずはそこに気づけるといいと思います。そういったことは、本当にあなたを知ってくれているからこそ、可能なはずです。

【孤独感】

　性的グルーミングでは、加害者が対象の弱みにつけこむという手口が認められます。弱みを利用して、関係性を築こうとするのです。

　「弱み」にはいくつかありますが、私の研究で、その1つは「子どもの孤独感」であることが明らかになりました。家族や友だちとうまくいっていないというさびしさがあること自体は、決して珍しいことではありません。だれしもそういった気持ちを抱く場面があるでしょう。

　ただ加害者には、そうした子どものさびしさや、居場所を求める気持ちを利用し、ほめることで自分との関係性を深めていこうとするあくどさがあるのです。

【1人でいられる能力 (the capacity to be alone)】

　精神分析者のウィニコットは、他者の存在があっても1人でいられる能力の大切さについて述べています。

　ここで言う1人とは、引きこもりの状態や、その人にとって重要な他者の存在が欠けているというような孤独感とは異なり、1人にたえられる能力なのです。

　逆説的なようですが、人は、重要な他者とのかかわりがあることによって、1人でいられる能力が育つのです。1人でいられる能力は、精神的な強さと言えるかもしれません。

ボイスチャット

おれも！

私なんて、ぜんぜん
友だちとかいないし

えー、じゃあ友だちになろ。
好きなこと教えてよ

ダンスやってます。
うまくないけど……

おれも！
後でDMで動画とか
送ってよ！

ほんと!?
じゃあ、自信ないけど
送ってみる！

オンラインゲームのリスク

　ゲームって楽しいですよね。私もそう思っています。ですから、オンラインゲーム自体を否定するわけではないのですが、やはりリスクがあるということは知っておくべきでしょう。いっしょにオンラインゲームをする相手を探すために、SNSに「フレンド募集」というハッシュタグ（#）をつける小学生もいて、見知らぬ大人と子どもが出会う場になっています。

　オンラインゲームで遊ぶときには、テキストチャットやボイスチャットを使ったやりとりをするので、相手の性別や年代、パーソナリティが推測しやすくなります。積極的に個人情報を伝えていないつもりでも、相手になんとなく自分のことを知られてしまうということですね。

　さらに、オンラインゲームではチームになっていっしょに戦ったりするので、相手との関係が築かれやすくなります。

　ちなみに、足もとが不安定なつり橋をドキドキしながらわたっているとき、その場に魅力的な人がいると、その人が原因でドキドキしているのだと誤解してしまう「つり橋効果」と呼ばれる現象があります。

　厳密には議論の余地を残している心理学実験ではありますが、少なくとも人は興奮状況にあると、別の物事がその原因だと考えてしまう可能性があるということです。いっしょにゲームをやっていて興奮したり楽しいと思ったりすれば、その相手に好印象を抱きやすくなることでしょう。

好きなことは言いやすい

さて、シーン④を見てみましょう。加害者のやりとりのたくみな要素は、2つに分解できます。

まず1つ目は、「好きなこと教えてよ」という最初の問いかけにあると言えます。普段から、たとえば学校でクラス替えがあって、最初に自己紹介をするときに、好きなアイドルとか音楽とかアニメについて話したりしませんか？　あるいは推しとか趣味、ハマっていることを紹介するなど。いずれも、自分が好きだと思うこと、という点で共通していますよね。

もちろん、きらいなことについて触れる場合もあるかもしれませんが、最初から、きらいなアイドルや音楽、趣味にしたくないものについてばかり話すということはあまりないでしょう。もし、きらいなものについて話したとき、それが聞いている相手の好きなものだったとしたら、相手の気分を害してしまう可能性もあります。

つまり人は、自分の好きな物事について他人に話すのは、比較的たやすいのです。何を好きであろうが、それは個人の自由ですし、少なくとも、それを聞いている相手に不快な思いをさせないということもあるでしょう。

一方で、好きなことは自分だけの秘密にしていて、他人には言いにくいと感じる人もいるかもしれません。ただ、その場合でも、代わりに好きと言いやすい別の何かを伝えることはできます。何より、好きなことについて人からたずねられて、いやな気持ちになる人はほとんどいないでしょう。

そう考えると、会話の最初に好きなことをたずねるのは、その後のやりとりをスムーズに進めやすくします。そこが、たくみだと言う理由です。

態度が似ている相手には魅力を感じる

　もう１つの要素は、類似性です。

　みなさんも、普段の友人とのやりとりを思い返してみてください。自分の好きなことが、話している相手といっしょだったりすると盛り上がりますよね。私が普段、いっしょに学んでいる大学生たちもそうです。

　初回の授業で、グループ・ディスカッションの準備段階として、互いに自己紹介をするようにうながすことがあります。このときの会話を聞いていても、「音楽だとK-POPが好きです」「K-POPのだれですか？」「〇〇です」「えー！　私も！」というやりとりは頻繁に聞かれます。こうなるとその２人は、授業の後もK-POPについて話を続けています。

　こうした「類似性」というのは、他人に与える印象を左右する要素の１つです。人は類似性を持っている相手に、より好意を抱きやすくなる、ということが心理学でも指摘されています。シーン④も、ダンスをやっていると伝えた後で、相手から「そうなんだ……おれはちがうけど」とか「あんまりくわしくないけど」というような返信がくるより、「おれも！」という返信のほうが印象はいいはずです。それは、自分といっしょであることにホッとしたり、話をわかってくれるうれしさを感じたり

するからでしょう。

シーン④では、そもそもゲームという共通の趣味があり、ダンスが好きという態度が相手と類似していたわけですが、こういった相手との共通点や類似性をつくり出すという手口は、性的グルーミングのやりとりでも典型的です。

たとえば出身地が同じとか同い年、というようなこともそうです。共通点、類似性がある相手には親近感を覚えやすく、良くも悪くも、見知らぬ相手でも関係性を築きやすくしてしまうのです。

実はシーン①も同様で、2人には横浜という共通点があります。同じものがあると、相手と通じ合った気になってしまうのです。

手なずけに気づくヒント

同じ趣味を持っている人との会話は楽しいですよね。趣味の話で盛り上がるのは、もちろん悪くないことです。でも、そのことを足がかりに、シーン④のように、あなたの画像や動画を送ってほしいなどとこちらにリスクのある要求をしてきたら、いったん冷静になりましょう。安易に送信するのは危険です。

【類似性 (similarity)】

　心理学では、他者に対して抱く好きとかきらいといった感情的態度を「対人魅力 (interpersonal attraction)」と言います。対人魅力に影響を与える要因にはいくつかあるのですが、その中の1つに、「類似性」があることがわかっています。類似性とは、容姿や態度、価値観などが相手と似通っていることを指し、人は、類似した相手に好意を抱きやすくなるのです。

　精神科医のバーンは、テキサスの大学生を対象にした実験を行い、類似性の効果を検証しました。

　被験者は、いくつかの課題に対する自分の態度について回答を求められた後で、自分に似通った他者の回答と、自分とは正反対の他者の回答を見せられ、その相手に対する感情をたずねられたのです。

　実際には、他者の回答は実験者がつくったにせものですが、その結果、被験者は、①自分と同じ態度を記入した相手に対しては、自分と異なる態度を記入した相手よりも、肯定的な感情を示すこと、②自分と同じ態度を記入した相手に対しては、自分と異なる態度を記入した相手よりも、知性、時事的な知識、道徳性、適応性において高く評価することが明らかになりました。

　つまり、態度の類似性は、見知らぬ他者に好意をもたらす要因となっていることが示されたのです。

教えてあげるよ

 お前のサッカー、けり方を
もう少し変えたらうまくいくと思う。

どんなふうにですか？

 おれ、もともと
ミッドフィルダーだったからさ。

くわしく教えてほしい！

 今度、お前だけに 教えてあげるよ

子どもの性被害の特徴

　子どもが性被害にあう場合、子どもならではの弱みを利用されている場合が多くあると感じます。たとえば、されている行為の意味がわからないこと、自分が何か悪いことをしてしまったと思って言えないこと、だれにも言わないという言いつけをしっかりと守ってしまうこと、だれかから大切にされたいという思いをもっていること、などなどです。

　また、子どもはもともと立場が弱く、社会的に優位な立場を利用される、ということも挙げられます。

社会的立場の差による性被害

　シーン⑤では、サッカーの指導者と習っている教え子をイメージしています。このような例を挙げると、特にお子さんのいる保護者の方は不安に思われるかもしれません。こうした社会的立場を利用した性被害については、令和5年に性犯罪の規定に関する法律が改正されたこともあって、最近は取り上げられることが多くなったように感じています。このことについて説明しましょう。

　令和5年、刑法では、それまで「強制性交等罪」「強制わいせつ罪」と呼ばれていたものが、それぞれ「不同意性交等罪」「不同意わいせつ罪」という罪名に変更されました。

　その際、少しややこしい話になるのですが、性犯罪というのは自由な意思に基づいて決めることができずになされた性的行

為であるけれども、これまでは処罰するか否か判断があいまいになっていた行為もあって、今後はバラつきが生じないように、きちんと処罰しようということになったのです。

そこで、相手が「いやと思う」「いやと言う」「いやを貫く」ことが難しい状態でなされた性的行為については性犯罪が成立する、と明確に示されました。

そしてこれらの、いやと思ったり、いやと言ったり、いやを貫いたりすることが難しい状態になる原因として、暴行・脅迫を受けた場合以外にも、恐怖やおどろきでフリーズした場合、などがあるとされました。

また、上司と部下、教員と生徒のように、社会的立場の影響力も原因になると示されたのです。たとえば、生徒にとっての教員は、自分の進路をにぎっている相手ですから、もしいやだと言った場合に、希望する進路に進めなくなるかもしれない、と心配して性的行為を拒否することができない、ということがあり得ます。

このようなとき、いやだと言えなかったのだから、犯罪の被害には当たらない、ということにはなりません。

好意は返したくなる

シーン⑤にもどりましょう。男の子は指導者を務めている男性からけり方の技術を教えてもらおうとし、男性は快く引き受けたようです。この後で男の子は、特別に、指導者からけり方の技術を教えてもらうことになるのでしょう。

このように、習い事の指導者と教え子、塾の講師と生徒というような、教える・教えられるという関係以外の場面でも、人から何かを教えてもらうとか、プレゼントをもらうなどという恩恵を受ける場面があります。そういうときの、恩恵を受けた側の心理に注目したいと思います。

　社会心理学者のチャルディーニは、私たちの世界には、親切や贈り物など、「他人がこちらになんらかの恩恵を施したら、自分は似たような形でそのお返しをしなくてはならない」という「返報性の法則」があり、それは人に影響力を与える最も強力な武器になると述べています。

　そのとおりですよね。私たちは、プレゼントをもらったらそのお返しをしようと思いますし、相手から何かをしてもらったらそれに報いようとするものです。

　それらの感情は自然と起こるもので、そういった気持ちによって人間関係が円滑に進む要素があると思います。

　でもそれが、性的グルーミングでも生じるところが問題なのです。自分だけ特別扱いをされた、何かしてもらった、という思いから、性的な行為をされていやだと思ってもそれを言い出せない、ということがあるのです。

　そもそも、本当は被害にあっているのに、「悪いことだ」と相手を非難する気持ちが生まれにくい、被害に気づきにくい、ということもあります。よくしてくれた相手が、まさか「犯罪行為」をしているとは思いにくいですよね。

　ですから、被害をうったえることができなかったり、たとえ性被害として明るみに出たとしても、「あの人は悪くない」「自

分に良いことをしてくれた人だから」など、加害者をかばう言動が見られたりするのです。

　でも、恩恵を与えているのだから、性的行為に応じるべきだとするのは、どう考えたっておかしなことです。よくしてもらったからといって、それが性的行為に応じなければならない理由にはとうていなり得ません。

手なずけに気づくヒント

　社会的立場の影響力を利用して性的な行為をさせるのは、明らかに犯罪です。何かしてあげたことをもって、性的行為に応じさせることも、あってはなりません。そういった誘いは断っていいし、断ったことに罪悪感を持つ必要もまったくないのです。

【性的同意】

　性的同意とは、「性的な行為に対して、お互いの気持ちをしっかり確認しあうこと」（政府広報オンライン、2023）です。一度、相手が同意したからといって、2度目以降も同意したことにはなりませんし、1つの行為に同意したからといって、他の行為にも同意したことにはなりません。毎回、すべての行為について、相手の同意を確認することが大切なのです。

　ただし、たとえば未就学児に性的行為の同意についてたずねたところで、そもそも性的行為の意味を理解していません。そのため、性的同意をする能力があると考えられる年齢も決められていて、その年齢に達していない相手の場合には、同意の意思にかかわらず、犯罪になり得るとされています。

　最近まで日本では、性的同意年齢は13歳とされていましたが、他の国と比べて低いという意見が多くあり、令和5年の法改正によって、性的同意年齢は16歳に引き上げられ、16歳未満の子どもに対する性的行為は、同意の有無にかかわらず、性犯罪に問われる可能性があるとされたのです（13歳から15歳の子どもについては、相手が5歳以上年長の場合）。

　すでに述べたように、性犯罪の罪名に「不同意」という言葉が使われるようになったということもありますが、犯罪か否かという見方ではなく、同意の有無をしっかり確認することは、そもそも相手を尊重することにつながるという点で大切なことなのです。

どう思ってる？

あいつがチームをやめること
について どう思ってる？

本人の選択ですよね

本当にそう思う？

えっと、礼儀がなって
ないと思います……

だよな

「つい」コミットメントしてしまう

　シーン⑥のやりとり、どういう意図で例示しているのか、どのようにずるいのかがわかりにくいと思います。相手をほめる、好意を示す、というあからさまな言葉ではないからでしょう。でも、この手口は非常にたくみなのです。私も、性的グルーミングのやりとりを知る中で、加害者はこうやって対象の心理を操作していくのか、とおどろき、あきれました。どうたくみなのか、順を追って説明していきましょう。

　最初の段階として、男性が男の子の考えをたずねています。コーチと教え子、というような関係でしょうか。たずねられれば男の子は答えますよね。相手が知り合いであったとしても、オンラインで知り合っただけの人であったとしても、たずねられたことに答えるのに、さほど抵抗はないでしょう。こういった質問をされることは普段のやりとりでもありますから、おかしいと言うことはできません。できませんが、すでにここに性的グルーミングの芽が見出されるのです。それは、加害者が自身とのやりとりに相手をコミットメントさせる、というものです。答えを考えさせられている時点で、すでに、やりとりにコミットメントし始めています。

　シーン⑥では、考えを問うものになっていますが、問題を解かせる、クイズを出すというシンプルな手口もあります。「そんなことが？」と思われるかもしれませんが、クイズを出されると「なんだろう？」とつい考えますよね。この「つい」というのがポイントで、コミットメントへのハードルを低くしてし

まうのです。

　「つい」答えてしまう、「つい」解いてしまう、というふうに、深く考えないうちに、加害者との関係が始まってしまうのです。

態度を使い分けて自分の考えに誘導する

　次の段階です。シーン⑥では、男の子の答えが、コーチにとって納得のいくものではなかったようです。そこでコーチは、疑問を投げかけるような返答をしています。本来、考えを聞かれたのですから、どのような回答であってもいいはずなのです。でもここで、自身の考えと同じほうへと男の子の意見を誘導しようとするコーチの思惑が透けて見えます。

　みなさんなら、「本当にそう思う？」と言われたらどう感じますか？　まして、相手が年上の人、上司、いつも指導してくれる人など、自分よりも立場が上の人から言われたとしたらどうでしょう。答えが気に入らなかったんだなとか、まずい、と感じて相手に合わせた答えをしようと思うのではないでしょうか。ここに、手口の第2段階があるのです。最初から加害者にとっての「正解」が返ってきたらOKですし、もしちがっていても、納得がいかないという態度を示せばいいのですから、こちらがどんな返答をしようと、いずれ加害者の考えに従うことになってしまいます。

　相手の返答が、加害者の思惑とちがったものであったら、その場で不満を言う、怒る、という直接的な方法で相手を不安にさせることもあります。この方法は、シーン⑥のように男性が

コーチといった権威者（けんい）だった場合には、よりその権威を増す方向に働くことがあります。なぜなら、私たちには、自分に対してはっきり「ちがう」と言ってきたり、厳しいことを言ってきたりする人を理想化したり、美化したりしてしまう傾向（けいこう）があるからです。たとえば、なんでも許してしまうような上司や指導者よりも、厳しさを持っている上司、指導者のほうに、みんながついていこうとする、ということがありますよね。

　他方で、加害者がこちらの返答に対してすねて見せる、という方法もあります。「大人が？」と思うかもしれませんが、あるのです。そのキモは、真剣（しんけん）さをわざと見せない、というところにあるでしょう。シーン⑥では言葉だけのやりとりになっていますが、真剣さを見せないという点では、スタンプや絵文字も有効に働きます。

　みなさんもすでに経験済みではないでしょうか。文末に句点があると、送った相手に威圧（いあつ）感を与える「マルハラ」になる、と言われたりしていますが（私はそうは思わないのですが……）、みなさんの中にも、友人とのやりとりに文末の句点を使わないようにしている人がいると思います。文章は、そうした工夫が可能ですから、スタンプや絵文字を入れて印象をやわらかくし、自分をおだやかに、おもしろく演出し、相手に「しょうがないな」と思わせることで、自分の考えに誘導することができてしまいます。

答えを評価して強化する

　さて、最後の段階です。男の子はコーチの考えをくみ取って、主張を変えました。そこでコーチは、変更された男の子の主張を評価しています。第3段階として、自分の思惑に沿わせることができたら、それを強化する、という手口が認められます。

　この手口の深刻なところは、こうやって相手に合わせた回答をすると、この男の子は次もそうせざるを得なくなってしまうところです。それはそうですよね。一度相手から不満を示されたら、同じようなことを伝えようとは思いません。つまり、気づけば自由な自己主張ができなくなっているのです。こうして、相手の思惑に沿った答えをするようになっていきます。

　そうだとしても表面的に合わせておくだけで、心のどこかに「本当はちがうけど」という思いを持ち続けられたらすばらしいです。それでも、何度もくり返されたり、権威者の言うことだったりすると、少しずつ相手の考えに従うようになってしまうことがあります。この段階にきてしまったらもう、無意識に相手を正当化しているのです。

手なずけに気づくヒント

　年上の人だから、社会的立場が上の人だから、言っていることが「正しい」とは限りません。相手の立場に気をつかって、正しいと思いこんでいることもあるかもしれません。立場、というものをいったん脇に置いて、やりとりを見直してみませんか。

【確証バイアス (confirmation bias)】

　人は、自分の思いこみに沿うほうの情報だけを受け入れてしまう傾向のあることが、心理学の研究によって明らかになっています。これを「確証バイアス」と呼びます。ウェイソンという心理学者が、心理学専攻の大学生29人を対象に実験を行い、この概念を示しました。

　たとえば、あるアイドルが好きで、素敵な人だと信じているとします。世間には、そのアイドルについて、良いうわさもあるけれど、悪いうわさもあるとします。そのときに、良いほうの話ばかりを信じてしまう、という傾向のことです。

　SNSの問題として、自分と同じような意見を持つ人とのコミュニケーションがくり返されることによって、それが正しいと思うようになる「エコーチェンバー現象」が指摘されていますが、少し似ているかもしれません。

　SNSでも対面でも、相手の言っていることが本当のことだとか、正しいことと信じてやりとりを進めていくと、途中から相手のことを疑うのは難しくなります。なぜか。

　もし、途中で疑ってしまうと、それまでの自分の考えや言動を否定してしまうことになるからです。だから、どうしても人は自分の考えに沿った情報を拾いやすくなるのです。

悩^{なや}みを聞いてほしい

話し相手になってくれる？

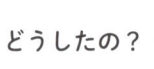

どうしたの？

親のことなんだけど……
悩みを聞いてほしい

うん

やりたいことに反対ばかりで
話を聞いてくれないんだ

人の気持ちは推しはかるもの

このような見出しにしましたが、相手の気持ちを推測することが悪いことだとは思わないでください。人から持ちかけられた相談は、深刻そうであればあるほど、腰をすえてじっくりと耳をかたむけ、今、その人がどんな気持ちでいるのか思いをめぐらせるでしょう。

悩んでいることについて、いいかげんに流して話を聞いておけばいい、とはだれも思わないでしょう。話を聞いてあげたい、困っているのであれば助けてあげたいという親切心が出てくるのは自然なことです。ですから、シーン⑦のように、「悩みを聞いてほしい」と相手が言ってきたときには、困っているんだな、つらいんだな、と相手の感情をくみ取って、その感情に応答することでしょう。

気持ちを合わせることは心の交流ポイントとなる

ところで、このように相手の感情をくみ取った反応については、まったく同じ状況ではないですが、似た現象として、母親と赤ちゃんのやりとりにも見出すことができます。

母親が赤ちゃんの気分に波長を合わせた反応をすることを、心理学の分野では「情動調律」と言っています。たとえば、赤ちゃんが笑っていたとしたら、母親もにこにこしながら「気持ちいいね」と声をかける。楽しそうだったら「トントントン！」と言いながら、おしりをリズミカルにたたく。赤ちゃんが泣い

ていたら、母親も悲しそうな顔をして「いやなんだねー」と声をかける。これが情動調律です。

　こうすることによって、背後にある感情を母親と赤ちゃんの２人で共有することができるようになるわけです。このとき母親は、「ああかな」「こうかな」と赤ちゃんの気持ちに思いをめぐらせるわけですが、そんなふうに思いをめぐらせていることを、自分では意識していないはずです。

　これはあくまでも似た例ですが、このように、人には相手の気分を推測したり、相手に合わせようとしたりする反応が自然に起こるということは言えそうです。

　そしてそれが、人と交流するうえで大切な役割を担っているのです。

　困っている相手なら、その気持ちを推しはかりながら話を聞いてあげようとするでしょう。

同じ境遇の人には同情しやすい

　相手の気持ちを考えながら話を聞いていくときに起こりやすい心理現象として、境遇が似ている相手の場合は共感しやすくなる、ということがあります。みなさんも、生活する中で思い当たることがあるのではないかと思います。たとえば、年齢が離れている人の話よりも同い年の人の話のほうが、より身近に感じると思います。

　ほかにも、同じ部活動の友だちから、練習がきつすぎるというような相談を受けたら、自分自身もその厳しさがわかってい

るからこそ、共感できると思うのです。

　シーン⑦を見てみましょう。同級生、あるいは学校の先輩後輩といった関係でしょうか。

　男の子は、親が自分の話を聞いてくれず、やりたいことに反対ばかりすることが悩みだ、と言っていますね。このような話を聞いたときに、みなさんだったらどう感じるでしょうか。

　うちの親は普段からよく話を聞いてくれるから、あまり共感できないという人もいるかもしれません。他方で、私も親に話を聞いてもらえないし、やりたいことを反対されることが多いからよくわかる、と感じる人もいるでしょう。同じような境遇だと相手に心を寄せやすくなり、より親身になって話を聞いてあげたくなります。

　よく知っている人との普段のやりとりであれば問題はないと思います。だれだって相談した相手が親身に話を聞いてくれたら、とてもうれしくなると思います。

　ただ、これが性的グルーミングだとしたら、ここで少しだけ注意をはらってほしいのです。なぜなら、相談を持ちかけ、親身になって話を聞いてくれるあなたの気持ちを利用しようとしている可能性があるからです。加害者は、そうした人の優しさや、相手が向けてくる関心を利用して、関係を結んでいこうとするのです。

　先ほど「同じ境遇」と書きましたが、自分がポジティブに思っていることよりも、自分がどこかネガティブに思っていたり、ちょっと気になっていたりすることが相手と同じであるほうが、同情や気づかう気持ちが起きやすくなります。

親が話を聞いてやりたいことに賛成してくれる境遇同士よりも、話を聞いてくれず反対ばかりする境遇同士のほうが同情心が生まれやすいのは、容易にイメージがつくのではないかと思います。

 手なずけに気づくヒント

　だれかから相談を受けたとき、相手の話を誠実に聞けること、心の痛みを理解できることはとても大切な能力です。ぜひ、困った人がいたら親身に相談にのってあげてほしいと思います。ただし、中にはそういった親切心を利用する人もいます。もし、それに乗じて相手が無理な要求をしてくるときは、き然とした態度をとるようにしましょう。

【同一化 (identification)】

　他者の属性や考えなどを取り入れて、まねる行動のことを「同一化」と言います。この用語は、心理学者のフロイトによって用いられました。同一化の背後には、その人のようになりたいという気持ちが働いていたり、そのものになろうとする心の働きが関係していたりします。あこがれの人のようにふるまう、まねしてみるといったことは、やったことがある人もいるかもしれませんね。あこがれの人のようになりたいという気持ちがその人の成長に結びつくこともあると思います。こうした例は、同一化が健全に働いている場合です。相手と同じ気持ちになる、といった場合も、この同一化が働いていると考えることができます。

　せっかくなので、「攻撃者との同一化 (identification with the aggressor)」という概念にも触れておきましょう。この概念は、フロイトの娘で同じ精神分析の道を歩んだアンナ・フロイトによって記述されました。少しややこしいのですが、この場合には、攻撃を加えられるという体験をすると、加えられた側の心に攻撃者が取りこまれて、攻撃者と同じようにふるまうようになる、ということになります。なぜ、このようなことが起きるかというと、攻撃を加えられていた側が攻撃者になれば、攻撃者が示す力を自分のものにすることができるからです。役割の逆転によって、攻撃されることによる心の痛みからのがれられるからだと考えられています。どんな人でも、心の痛みと向き合うのはとても苦痛なので、そこからのがれようとします。そのプロセスで意識的・無意識的に心を守ろうとする働きが起きるとされ、その１つが同一化なのです。

返信ください

 こないだちょっとやってくれた
マッサージの続き、してほしいな

……考えておきます

 じゃあ、次のバイトの
ときとか？

 ……

 マッサージ、お願いします！

返信待ってます

返信ください

しつこく要求するという手口

　相手からお願いされると断りにくいという人、いるのではないでしょうか。

　自己主張が苦手という人もいるかもしれません。断ったら相手を傷つけるのではないか、と気になるんですよね。断るにしても、別の用事にかこつけて断るとか、やんわりと遠回しな表現で断りたい気持ちを表現するなど、いろいろと工夫していることでしょう。

　にもかかわらず、何度もしつこくお願いされたりしたら、本当に困ってしまいます。

　シーン⑧のやりとりでは、男性が何度もくり返しマッサージを依頼してきています。しかもだんだんと要求のしかたが強くなってきていますね。

　女の子は、はっきりと断れず、しつこく要求してくる男性にたじろいで何も言えなくなっています。この後、女の子は男性とのやりとりを無事に終えることができるでしょうか。想像するだけでも心配です。

　いやだと思ったとき、相手とのやりとりを打ち切ることができたらいいのですが、意外と難しい、というのが私の印象です。しつこく言われ続けることで最後には返答してしまい、相手のペースに巻きこまれる場合がけっこうあります。

　性的グルーミングでは、こんなにやりとりをしているのかとおどろくくらい頻繁に、大量に会話が展開されていることがあります。これは、加害者の手口というだけでなく、被害者の心

理的要素も関係していると推測できます。その心理的要素について説明していきましょう。

断れない被害者側の3つの心理

1つ目は、当然のことですが、相手からしつこく、何度もくり返して言われることで「恐怖心」がわく、ということがあります。

シーン⑧でもそうですが、これだけ何度も言われて、しかもだんだんおどしのようになってくれば、だれしも気味が悪いとか、怖いという気持ちを抱くのではないでしょうか。

人は恐怖心がわくと、相手にはっきりと主張したり、抵抗したりすることが難しくなります。結果、相手に従って返事をしてしまうのです。

2つ目は、「切迫感」です。

加害者は、相手が答えられなくなっていても、かまわず何度も言ってきます。「早くしろ！」と急かしたり、しめ切りの日時を指定して「それまでに○○しないと……」と条件をつけたり、カウントダウンを始めたりします。時には、しめ切りの日時が過ぎたところで、もう一度しめ切りを設定し直してくることもあります。

その時点で無視できたり、相手の提示する条件を守るのはおかしいと冷静に考えられたりしたらいいのですが、それが難しいのです。相手のしつこさからのがれたいと感じたり、あせらされたりすると、この状況を早く解決したい、と思うようにな

ります。

　それで、これくらいのことなら相手の要求を受け入れたほうが楽だ、と言うことを聞いてしまうのです。シーン⑧で言えば、何度も言われるために、マッサージくらいなら応じようと考えるようになってしまう、ということです。

　３つ目は、一度受け入れると、人はなかなかそれをくつがえせない、という心理で、「一貫性の原理」という心理学の概念から説明することができます。

　一貫性の原理とは、人は、一度決定を下したり、ある立場をとったりすると、その後も一貫した行動をとるように心理的な圧力がかかることを指します。

　言動がつねに一貫していれば、自分の決断を正当化することができますよね。自分が正しいと思えることには満足感があります。

　一方、もしちがった言動をとってしまったら、それは過去の自分を否定することにもつながります。周囲にも、優柔不断な人だと思われてしまうかもしれません。それは心に苦しみを生むでしょう。

　本当はそんなことはなく、言動は変えていいのですが、本人はそんなふうに思えません。だから人は、一度とった言動と同じ方向に行きやすいのです。

　これは、性的グルーミングのみならず、だましの手口を用いたほかの犯罪においても被害者の心理として作用することがあります。

　シーン⑧では、最初にマッサージを受け入れてしまったため

に、その後、なかなか断れなくなってしまっている様子がうかがえます。

手なずけに気づくヒント

　相手にどう思われるかを気にしすぎると、相手のペースに合わせざるを得ません。大切なのは、相手にどう思われるかではありません。自分がどうしたいかです。こちらが思うほど相手が気にしていないというのは、よくあることです。自分はどうしたいのか、と問いかけるようにしてみてください。あせったときこそ、冷静に。

　そして、相手の主張が強いときほど、その気持ちを自分自身に強く言い聞かせるということも大切かもしれません。

　カウンセリングにおいては、自己暗示はあまり効果がないと言われることが多いです。

　でも、たとえば、毎朝5回「自分は正しい」と自分に言い聞かせてみてください。少し、気持ちが変わってくることが実感できるのではないでしょうか。

　さまざまな場面で言えますが、どんなときでも自分のペースを守れるということほど、強いものはありません。

【認知的不協和理論 (cognitive dissonance theory)】

　性的グルーミングのプロセスでは、相手から説得されたり、さまざまな感情を投げこまれたり、といったことがあります。そういうときに、自分のほうが考えや態度を変えてしまうことがあります。

　人がどのように自らの態度を決めるのかについて、心理学ではさまざまな理論が提唱されてきました。そのうちの有名なものとして、アメリカの心理学者であるフェスティンガーが提唱した「認知的不協和理論」が挙げられます。

　この理論では、自分の中の2つの認知要素に逆の面があると不協和になるので、人は態度を変えるとされています。難しいですよね。

　たとえば、「スイーツが好き」と「スイーツを食べると太ってしまう」という矛盾する認知があると不都合なので、「甘いものは別腹」と思うようにする、というものです。少しはわかりやすくなったでしょうか。

　普段の生活で、みなさんにも思い当たることはありますか？

会いたい、付き合って

近くまで来ちゃった。
会いたい

夜出ていくのはだめだって
親に言われてる

あのさ、A、好きだよ

ありがとう笑笑！
でも付き合ってないし

じゃあ、付き合って

好意を抱く要素① ～身体的魅力～

　まず、日常生活を想定してください。初めて会った人と関係をつくっていこうとするとき、みなさんだったらどうするでしょう。まずは、相手に好意を持ってもらおうとする人がいるかもしれません。相手に好意を持ってもらうには、どうしたらいいのでしょうか？

　SNSでは、知らない人の書きこみを読み、この人はどんな人だろうと思いをめぐらせることがあると思います。まして、その人と直接やりとりをするとなれば、相手の性別や年齢といった属性から始まって、見た目はどんな感じか、どんな性格かども気になってきますね。実際に、かっこいいとか、かわいいと感じる人であれば自然と魅力を感じ、好意を抱いてしまうことでしょう。

　心理学では、相手に好意を抱く要因の１つに、「身体的魅力」があると言われています。アイドルや俳優の容姿を考えれば、簡単に納得がいくでしょう。みなさんも、SNSに自分自身の写真をアップしようとするときには、見栄（みば）えがいいものを選択しているかもしれません。そもそも最近のスマホには、写真をきれいに撮（と）ることのできる機能がたくさんついていますよね。

　だとすれば、SNSでお互いの写真を交換（こうかん）しようという話になったとき、より見栄えがいい赤の他人の顔写真を送ってくる人だっているかもしれません。受け取った側は、そんなこととは知らず実際に会ってみたくなるかもしれません。全員の、とは言いませんが、SNSにアップされている、あるいは送られてくる

写真が実物でない可能性には、十分注意したいものです。

　もし、シーン⑨のやりとりの前に、こんなことが起きていたら……怖いですね。

好意を抱く要素②〜「好き」「付き合って」と言われる〜

　相手から何か頼（たの）まれたとき、それに応えようとするのは、相手に対して「好意」がある場合でしょう。前出の社会心理学者チャルディーニは、相手から承諾（しょうだく）を引き出そうとする人は、好意の絆を利用する、つまり自分を好きになるように仕向けるのだと述べています。

　では、どうやったら、自分を好きにさせることができるのか。その要素はいくつかありますが、チャルディーニは、そのうちの１つに「お世辞」があると言い、こんなエピソードを挙げています。

　多くの車を売ったことでギネスブックにも載（の）った、ある自動車セールスマンが、「あなたが好きです」と書かれたあいさつ状を多くの人に届けていた、というものです。好きです、とは書かれていなくても、こうした企業（きぎょう）からのあいさつ状、いわゆるDMが、みなさんの家にもときどき届くでしょう。それを見れば、そんなものに効果があるだろうかと疑問に思う人もいるでしょう。でも、そのセールスマンは、実際に効果があると考えていたそうです。

　このエピソードから導き出されるのは、相手から好意を示さ

れると、人は好意を抱くということです。きっとだれにとってもそうでしょう。もし、自分が気になっている人から好きだと言われたらとてもうれしく、まいあがるような気持ちになりますよね。特に意識していなかった相手からだって、好きだと言われたらうれしくなると思います。

　シーン⑨の加害者のたくみさは、会うことを断られた後で、好きだと告白しているところです。好きだと言われたら、たとえなんとも思っていなかったとしても、相手のことが少し気になってしまいます。そして気持ちを動かされるからこそ、断りにくくなりますよね。

　人をだます犯罪には、お金などを盗る目的の詐欺があります。性的グルーミングも人をだます犯罪の１つですが、「性的」な犯罪という特殊性があり、最終的にわいせつ行為に導いていくという隠された目的があります。

　ですから、加害者は単に、相手を「期待に応えよう」とさせるだけでなく、好意や愛情に似たような感情を入れこんでくるのが特徴だ、と私は考えています。加害者は、本当は相手を好きだと思っていないのに、愛情を示してくることがあるのです。そうやって相手の気持ちにゆさぶりをかけるのは、悪質です。

　シーン⑨では、女の子が付き合っていないという理由で断ろうとすると、男の子はすかさず「付き合って」と言ってきました。みなさんだったらどうしますか？　１回だったら断ることができる人でも、何度も言われると断りにくくなる、という人もいるでしょう。

　先ほどのチャルディーニは、「お世辞を言う人が私たちを操

作しようとしているという確信が持てれば、まず乗せられたりしません――が、一般的に言って、私たちには他者からの称賛<ruby>称賛<rt>しょうさん</rt></ruby>を信じ、それを言ってくれる人を好む傾向があります」と言っています。

好きだと言われて悪い気がする人はいません。ではどうしたらよいのでしょうか。

そんなとき、みなさんには、相手の人をカッコイイとかカワイイと思うだけでなく、その相手とどんな付き合い方ができるのか、というところまで想像してみてほしいと思います。

その相手とどんなデートができそうですか？　どんな時間を過ごせそうですか？

たとえば、付き合っている様子を、4コマまんがにして描<ruby>描<rt>か</rt></ruby>いてみてください（P158「付録2」参照）。どうでしょう。まんがは完成しますか？　どこかにムリはありませんか？

まんがを描け、なんて、ふざけているように思えたかもしれません。でも、それをやってみることは、その人との関係の進展を起承転結で思い描けるかどうかを確認することなのです。

たとえば、夜、その人と出かけてみる、でパタッと止まってしまったりしませんか？　コマが進んでいけば、関係が変わっていきます。その変化や深まりを経て、2人はどうなっていくでしょう。「転」の場面では、ケンカをすることもあるでしょう。悲しい出来事もあるでしょう。

関係が進展していく場面を想像できなかったのであれば、その相手とはやめておいたほうがいい関係なのかもしれません。

【悪い奴のセリフ】

　これは専門用語ではありませんが……。

　悪い人のセリフに特徴はあるのでしょうか。性的グルーミングでは、加害者の言葉や態度の本意を見抜くことの難しさが指摘されています。どうしたら見抜けるのか。そんなことを考えていたとき、朝日新聞（2023年）のコラムが目に留まりました。

　哲学者の鷲田清一さんが、毎日「折々のことば」でさまざまな人の言葉を取り上げ、解説を加えているのですが、その日は、脚本家のクドカンこと、宮藤官九郎さんの言葉を取り上げていました。先の問いに答えが出たわけではないのですが、よく言い当てていると思いました。

　「『悪いようにしないから』って悪い奴のセリフだよね」
　（宮藤官九郎）

　この言葉は、2013年に放送されたNHK連続テレビ小説『あまちゃん』（第120回）の中で、あるプロデューサーが、いつかデビューさせてやるからとタレントの卵をだまし、そのことを知る喫茶店のマスターが言うセリフだそうです。

　鷲田さんは、「相手の思いをかき消し、耳あたりのよい言葉を囁いて相手を己の支配下に置くべく唆す、そんな悪党はどこにでもいる」と書いています。

　悪意を見抜くのは難しいことです。けれど、言葉の表面をさらうだけでなく、それを言った相手の気持ちまで考えてみたいと思います。

話、聞くよ

友だちにもういっしょに
いたくないって言われちゃった

 そっかー。たしかに
それ言われたらつらいね

明日、学校に
行きたくないな……

 ムリにとは言わないけど、
おれでよければ話、聞くよ

優しいフリ①　連絡をする

　みなさん、優しい人って好きですか？　人がだれかに好意を持つとき、優しさがすべてではないことは重々理解しています。それに、そもそも優しさとは何か、という疑問を抱えている人もいるでしょう。それでも、私が教えている大学生からは、「○○は優しくて好き」という言葉をよく聞くこともたしかです。きっと、優しい人は好きじゃない、という人は少ないのではないかと思います。優しさを持っていると感じると、その人に好印象を抱くきっかけになるでしょう。

　優しいと感じられる要因は複数ありそうですが、SNSがコミュニケーションツールとなった現代において、よく連絡をくれる、というのはありそうです（もちろん、しつこい連絡はいやでしょうけれど）。連絡がないと、放ったらかされているような気がしてさびしくなりますよね。よく連絡をくれるということは、少なくとも自分のことを気にかけてくれているのですから、うれしくなるし、優しい人だと感じられるということはあると思います。そうやって連絡が何度もくるうちに、だんだん相手のことが気になってきてしまう、というのはあるかもしれません。

　性的グルーミングの加害者は優しさを利用する、と言われています。その手口として、ターゲットとなる相手には、まめに連絡を入れる、ということがあります。頻繁なやりとりは、2人の関係性を強めていくでしょう。

　補足ですが、頻繁だった連絡を、あるときから間隔を空けるようにして相手を不安にさせる、ということがあります。コミュ

ニケーションに緩急をつけて、相手の気持ちをゆさぶるのです。

優しいフリ②　耳をかたむける

　恋愛の話題で、なぜ相手を好きになったかという問いに、「私の話を聞いてくれたから」という答えを聞くことがあります。話を聞く、というのも、相手に好印象を抱かせることにつながります。

　相手の話を聞くというとき、「聴く」という漢字にふくまれている「耳」・「目」・「心」の３つを使って聞くことが大切だと言われます。じっくりと耳をかたむけ、相手の様子をよく観察し、心でもって相手の話を聞く、ということになるでしょうか。当然のことながら、自分の話ばかりしている人だと、こちらには関心がないように感じられますし、困っているときにその人に相談したいとは思わないでしょう。困っているときや悩んでいるとき、じっとおだやかに話を聞いてもらえると、本当にありがたく感じます。

　加害者は、話をよく聞こうとする態度をとることがあります。特に悩み事などについては、その傾向があります。

優しいフリ③　共感する

　優しい人、という言葉が意味するところには、こちらの思いを落ちついて聞き、よく理解してくれる、という側面もありそうです。頭ごなしに否定されるよりも、自分の言っていること

を「そうかそうか」とうなずきながら聞いてもらいたいですよね。そして、全面的に肯定してくれたらうれしくなります。私の言っていることを理解してくれたんだ、という気持ちが高まると思います。

　以上、3つの要素を見てきましたが、みなさんもお気づきのように、どれも、普段から私たちのコミュニケーションでとられる態度であり、決して特別なことではありません。人の話を聞くプロである心理カウンセラーも、耳をかたむける、共感する、といったことは、相談者から話を聞くときに大切にしています。人と接する仕事では、カウンセリング・マインドを持って取り組むように、とも言われるように、こうした態度は人と関係を結ぶときにとても大切なのです。
　性的グルーミングの加害者までそのような態度を示すんだったら、いったい何をもって気をつけたらいいのか……と思ってしまいますね。話をじっと聞いて、こちらの気持ちに寄り添うのは性的グルーミングの手口です、と言うのなら、それって普段から人の話を聞くときに必要な態度と同じじゃないか、と言われてしまいそうです。
　でも、加害者と、あなたのことを本当に支援したいと考えている人の示す態度は、すべて同じでしょうか。実は、このシーンの解説ではあえて「優しい」という言葉を使ってきました。『広辞苑』によると、この言葉には「情深い」という意味もあるそうです。表面的な「優しさ」ではなく、真剣にあなたのことを考えてくれる「情」がこもっているかどうかを見極めたい

ものです。

依存と自立について

　前のページで、心理カウンセラーの態度について触れました。カウンセリングにおいて、心理カウンセラーは相談者の話を熱心に聞き、寄り添います。ただし、それは相手を自分のほうに完全に依存させてしまう、ということとは異なるのです。いずれ相談者が、その人なりに、人生を進めていけることを願っています。

　これは、カウンセリングに限った話ではありません。親子関係も同じで、子どもは、はじめは親に依存していますが、少しずつ親から分離していき、依存と自立とを行ったり来たりしながら、だんだんと親は親、子どもは子どもだと理解していくのです。

　つまり、相手にすべて依存しきっているのではなく、依存もあり、自立もあり、といった関係がほどよいと言えるかもしれません。依存ばかりの関係性なのであれば、一度見直してみましょう。

手なずけに気づくヒント

　相手の本心を見抜くことは、心理学者であってもできるわけではなく、どんな人であろうと難しいと思います。それでも、人との関係において大切なのは、表面的、外形的なものではないはずです。あなたにとっての「優しさ」とはなんですか。

【単純接触効果（mere exposure effect）】

　他者に魅力を感じる要因の１つと言われているものです。

　相手に接触する回数が多ければ多いほど、好意を持ちやすくなる、ということです。

　しばらく会っていない人よりも、近くにいて、会う回数や話す回数が多い人のほうに好意を持ちやすくなることは、容易に想像できますね。つまり、相手への好意の程度は、置かれた状況からも影響を受ける、と言えるのです。

　性的グルーミングでは、SNSを使ったやりとりが頻繁に見られます。対面で会っている相手であっても、帰宅してからとか夜中などに、SNSでやりとりしていることがあります。

　そして、使用するSNSによっては２人だけのやりとりの経過が残るので、何度も見返すことができるようになっています。

　ですから、対面しているときだけでなく、いつまでも相手となんらかの形で接している状態にある時間が長くなっているので、そのことが相手に好意を抱いてしまう要因の１つになっていると感じます。

おれ、会社経営してるから

バイト先で使えない奴って言われた

 ひどいな。おれなら
そんな言い方しないけど

もう自信ないな……。
え、おれならって？

 おれ、会社経営してるから。
もっと従業員の気持ちを考えるよ

加害者は自分をどう見せるか

　加害者は、「加害者」らしく見えません。ときどき、犯罪者をえがいた絵に、サングラスをしていたり、見るからに悪そうな顔をしていたりするようなものを見かけますが、実際にはそんなわかりやすい顔はしていないのです。

　海外の研究では、性的グルーミングの加害者は、対象をグルーミングしますが、それだけでなく、その周囲の人たちも、そして加害者自身をもグルーミングする、と言われています。つまり、周囲の人たちもだまされてしまうし、悪質な行為をしているという事実から自身の目を背けさせている、というのです。

　ですから、加害者（特に性的グルーミングの）は、出会いのはじめでは悪そうに思われない、ということがあります。

　では、加害者はどのように自分を演出しているのでしょうか。

　まずはシーン⑩でも説明したように、いかにも優しく、愛情があるかのように見せる、ということがあります。それから、実際に社会的立場が上であるという権威を利用する、あるいは実際はちがうけれど、権威があるかのようにふるまう、ということもあります。

「権威」のある人

　実際に立場が上、というのは、習い事の指導者、地域で活動している大人、教員、会社の上司といった場合です。権威があるかのようにふるまうという典型例は、SNSを介して知り合っ

た人が、事実とは異なる姿を演出するような場合でしょう。「権威」と書いていますが、シーン⑪のような会社の経営者という肩書がうそであったり、なんとなくすごい人だと思わせたり、といった場合もここにふくまれます。

　有名な大学を出たとか、技術や記録を持っているとか、こんなすごいところから引き抜きの話がきている、というようなことです。すごい人の言うことであればまちがいない、と思わせるのです。こうして、言葉に真実味を持たせます。

　よく、大切なのは何を言ったかではなくだれが言ったかだ、と聞きますが、上述のような「権威性」を表しているとも考えられます。多くの人は、言葉の内容よりも、すごいと思っている人の言った言葉に心を動かされる、ということを示していると言えるでしょう。

「権威」があると従ってしまう

　権威への服従については、心理学者のミルグラムによって行われた有名な電気ショック実験があります。この実験自体、倫理的な問題を提起するものでもありましたが、人は、権威がある人に服従してしまうことを明らかにした実験として知られています。

　実験が行われる前年には、ナチスドイツの戦犯であるアイヒマンの裁判が行われていました。命令に従っただけだ、というアイヒマンの主張は、翌年のミルグラムの実験によって一般の人にも起こり得ると示されたということで、通称「アイヒマン

実験」とも呼ばれています。

　ミルグラムは、人がどこまで良心に逆らってでも権威者の指示に従うのかを、実験で明らかにすることにしました。

　この実験で被験者は、「先生」役と「学習者」役に分かれました。被験者たちは、実験を行っている研究者から、「罰が学習に与える影響を調べるため」という説明を受けると、学習者役は椅子にしばりつけられて手首に電極をつながれ、先生役はその様子を見てから別室に移動します。

　それから先生役は、学習者役が問題の回答をまちがうたびに、より強い電気ショックを与えるよう指示されました。実は学習者役はサクラで電気は流れていなかったのですが、かれらはうめき声をあげたり、電気を止めてくれと抗議したり、しまいには絶叫したりという演技をします。

　それでも、先生役の多くの被験者は、研究者からの指示に逆らうことなく、最高レベルの強い電気ショックまで与えたといいます。つまり被験者は、権威ある研究者の命令に従ったということです。

　信じがたい話かもしれませんが、実験でたしかめられているということは、一般の私たちにもそういった傾向があるということを示しています。

　性的グルーミングにおいても、相手が権威のある人だと感じると、相手の言うことを信じたり、相手の言うことに従ってしまったり、ということがあるのです。

身近な「権威」

　シーン⑪のように、あえてアイデンティティをいつわる、ということもありますが、それに限らず、SNSには、「権威的な」ものを利用した例が多く見られます。

　たとえば、SNSアカウントのプロフィールをいくつか見てみましょう。「月商○万円！」とか、「○千人にコーチングしました！」といった文章が入っているものがありますよね。そういう文言を見たら、この人が語ることはまちがいないとか、この人は語る資格がある人だと思うのではないでしょうか。つまりこれは、多くの人があこがれるようなブランディングをはかっているのです。

　それほどに権威というのは、日常にはびこっています。加害者は、権威から「手なずけ」という導線を引いているのです。

 手なずけに気づくヒント

　権威がある人の言うことに従うのは、正しいことをしているような気持ちになったり、時にはそのほうが楽だったりすることもあると思います。でも、その人の語る肩書にふさわしいだけの内容があるか、従うだけの価値があるのかを、考えてみるようにしましょう。

【ハロー効果 (halo effect)】

　「ハロー (halo)」は、辞典によると「聖像の光輪」といった意味があります。

　ハロー効果は、今から100年以上も前の1920年に、心理学者のソーンダイクが発表した論文に掲載されています。

　ソーンダイクは、人がある人物のことを評価するとき、その人物の持つ知能とか技術、信頼性といったさまざまな特徴は、互いに関連性が高く評価されるという事実について述べています。

　つまり、それぞれの性質をバラバラに評価することはせず、その人物が全体的に優れているとか、全体的に劣っているといった評価をしがちであるというのです。

　人が人を評価するとき、その人物のある際立った特徴によって全体的な評価が左右されるのであり、たとえ有能な教師や上司であってもそれは同じで、人をさまざまな特徴の集合体として見ることはできない、と強調しています。

　もちろん、その人の長所と短所がそれぞれわかる、という人もいるかもしれません。そうだとしても、たとえばリーダーをしているとか、有名な会社に勤めていると聞くと、全体的にその人物が優れているように見えてしまうこともたしかでしょう。性的グルーミングにおいても、こうした心理が利用されます。

　特にオンラインでは、簡単にアイデンティティをいつわることができてしまいます。加害者が、自らの「肩書」が優秀なものだと伝えてくる場合があり、それにだまされてしまうということがあるのです。

君は特別だからだよ

おみやげをあげる

ありがとうございます！

みんなにも配ったけど、これは
君だけに買ったものなんだ

え、どうしてですか？

君は特別だからだよ

加害者はインセンティブを用いる

　海外のオンライン・グルーミングの研究では、相手とのやりとりを続けたり、少しずつ性的行為に導いていったりするために、加害者は2種類のインセンティブ（誘因）を用いることが示されています。それは、おどしと贈り物だと言います。

　おどしについては、たとえば、やりとりに使っているパソコンをハッキングしたり、入手した対象の性的画像公開をにおわせたりなどで、おどしをかけるというものです。

　子どもの場合、自分専用のパソコンを持っていることは少なく、家族のパソコンを使うことが多いですよね。ですから、加害者にハッキングされるとパソコンがだめになって親に叱られてしまうことなどを懸念して、言うことを聞いてしまう、ということです。

　おどしは恐怖感や切迫感をあおりますから、相手の言うことに従ってしまいやすいのです。

　贈り物については、対象の興味に応じたプレゼントをあげる、というように、第一義的には対象に利益を与えるため、ということがあるでしょう。贈り物をされると、それに見合ったお返しをする必要が出てきますから、やはり従いやすくなると言えます。

　ただ、それだけでなく、新しいスマホを購入してあげる、というように、対象との連絡を続けていくために贈り物をする場合もある、と言われています。

特別扱いする

　こういった物質的な贈り物だけではありません。シーン③では、相手をほめる手口について書きました。

　シーン⑫では、物質的なプレゼントもあげてはいますが、実は、自分にとって大切な人として対象を特別扱いする、というところに主眼があります。

　特別扱いですから、ほかの人と比較している、というところがポイントです。だれしも、あなたは特別なんだと言われたらうれしくなりますよね。加害者は、対象を気持ちよくさせて、うまいこと自分に依存させるのです。

　この場合、プレゼントはえんぴつ１本でもいいのであって、金額の高い安いは関係ありません。あなたにだけ、というメッセージを伝えるところに重点があるのです。

　自分にとって大切な人だから、とストレートなメッセージを言うこともあるので、言われたほうは愛情を向けてもらえているのだ、と感じてしまうのです。

競争心をあおる

　子どもでも大人でも、集団で被害にあってしまうということが、たいへん残念ながらあります。そういうときに認められる心理ですが、被害にあう人同士の間に競争心が生まれる、ということがあります。

　たとえば、カルト団体のマインド・コントロールにおいては、

情愛は団体のトップに向けることのみが許されている、ということが指摘されていますが、それと似たような現象が起きるのです。被害者たちが、加害者の関心や愛情を勝ちとろうとするような行動をしてしまうのです。

　集団であるなら、被害者同士が協力をしたらいいのでは、と考えるかもしれませんが、私の経験では、被害者が複数人いる場合に、お互いが協力するということは多くありません。被害を受けているという認識がまだはっきりしていない段階では、それが顕著です。

　むしろ被害者たちは、加害者の関心をほかの被害者よりも自分に向かせたい、独占したい、と競争的になり、自ら加害者と連絡をとったり、迎合したりしてしまうのです。

　こうした被害に、SNSが一役買ってしまっている面があります。2人だけでつながることのできるSNSは閉ざされた世界であり、ほかの人たちがどんなやりとりをしているのかを見ることはできません。

　ですから、加害者が、自分の身近にいるほかの人とも同じようなやりとりをしていたとしても、まずそれに気づくことはありません。愛情を示すような言葉を伝えられると、自分は特別なのではないか、という気持ちが生まれてしまうのです。そこに何かのきっかけで競争心が生まれていれば、そのことをほかの人に確認しようなどとは思いません。

　性的行為それ自体は悪ではありません。物を盗んでこい、と命令されたら抵抗感を持つことができたとしても、性的行為は犯罪を行うほどにはハードルが高くないと言えるかもしれませ

ん。たとえばキスをする、ということが、その集団において愛情表現の１つであるとか、ゲームの一環であるなどと言われると、抵抗感はうすれやすくなるのです。

 手なずけに気づくヒント

　おどしにしても贈り物にしても、加害者が引き出したいのは、対象からのレスポンス（反応）です。加害者は、レスポンスを引き出し、それを糸口にして、次の関係性に持ちこみたいともくろんでいるのです。ですから、それに気づくということが大切になります。

　ただし、気づくのがなかなか難しい場合もあるでしょう。子どもが習い事をしているなどの場合、その連絡事項にSNSが利用されているのであれば、保護者もふくめたグループでやりとりができるプラットフォームを使うようにするといいのではないでしょうか。複数人が確認できるという状態をつくることが被害を防ぎます。

心的外傷後成長（posttraumatic growth：PTG）

　本書を手にとってくださった方の中には、もし自分が被害にあってしまったら、と不安を覚える方もいらっしゃると思います。また、過去に性被害にあったことがある、という方もいらっしゃるでしょう。また、家族が被害にあっていたことに気づけなかった、という方も。

　でも、夜おそくにカバンをさげて歩いていたからといって、引ったくるほうが悪いのです。玄関のかぎを閉め忘れていたからといって、勝手に入ってくるほうが悪いのです。性被害も同じです。

　心的外傷後成長とは、危機的な出来事や困難な体験をした結果生じる肯定的な変容のことで、がん体験者や被災者、犯罪被害者などについての研究が進んでいます。

　この概念では、トラウマという傷つきの体験は人にネガティブな影響を与えるだけでなく、その体験をとおして心の中でさまざまに闘うことによって、人間としての強さを得たりする可能性があると言われています。

　トラウマからの回復は簡単ではないとは思います。それでも、その体験によって、あなたの人生が否定されることは決してありません。

トラウマって？

　みなさんは、日常的に「トラウマ」という言葉を使っていると思います。たとえば、「あんなこと言われてトラウマになっちゃった」というように。トラウマや、トラウマとなる出来事を経験したことによって発症するPTSD（心的外傷後ストレス症）は、日本では1995年に起きた阪神・淡路大震災をきっかけとして、一般にも広く知られるようになったと言われています。

　トラウマというのは、簡単に言うと心の傷のことですが、時代によって、トラウマが意味する範囲は広がったりせばまったりしています。ただし、PTSDを生じさせるトラウマ出来事というのは厳格にとらえられていて、生死に関するような出来事とされています。たとえば、身体的暴行や重大な交通事故、災害などがあり、性的な暴力もふくまれます。アメリカのある有名な調査でも、私が関与した調査でも、性暴力を受けた被害者のうち、約半数がPTSDを生じる可能性のあることがわかっています。PTSDは精神疾患ですから、性暴力というのは、それだけ心に大きな影響を与えるものだ、ということがわかっていただけると思います。

　ですから、性加害をしないということはもちろん、性被害を未然に防ぐことが重要だと言えます。でも、残念ながら防ぎきれないということも当然起こり得ます。そのとき、トラウマからの回復のためには周囲のサポートが不可欠です。被害者本人が信頼できる人に相談できること、そして周囲の人による支えが大切なのです。

第 **3** 章

対象を周囲から切り離す言葉

家の人はわかってくれてないんじゃない？

私はB高校に行きたいのに、親はC高校にしろって怒るんだ

自分なりの理由があるのにね

でも、親なりに将来を考えてくれてるのかもしれない

どうかな。
家の人はわかってくれてないんじゃない？

周囲との切り離しとは

「性暴力」といってもさまざまな種類があります。

電車内でのちかんなど、明らかに性暴力とわかるものもありますし、路上で物を引ったくられるという被害のすきに性的部位を触られるというような、別の犯罪のかげに隠れている性被害もあります。

性暴力と聞くと、いやなことですが、加害者が暴行を加えるとか、脅迫したりする、といったことが想像しやすいかもしれません。たしかにこれまでは、そうした暴行や脅迫による性暴力に焦点が当たることが多かったと思います。でも、性的グルーミングはそうではありません。もちろん、その経過の中でおどしなどを用いるということはありますが、むしろ、対象との間に愛情や信頼に基づく関係性を築いていく、というところにその核心があります。

こうした関係性の構築は、性的グルーミングのプロセスの中でも最初のほうに行われるため、第1章から第2章までは、加害者が相手との関係性をどのように築いていくかに焦点を当てました。そうして、おおよそ対象との関係性ができてくると、本章で紹介するような、対象を周囲から切り離していく手口が認められるのです。ここで言う「周囲から」というのは、よりくわしく説明すると、周囲との「関係性から」、と「物理的な状況から」、という2つの意味をふくんでいます。

周囲から切り離されると、第三者による情報が入ってきにくくなります。困っていたり、自分に自信がなかったりするよう

な精神状態のとき、第三者の冷静な意見が助けになることがありますよね。でも、閉ざされた世界の中では、その世界にいる相手の言うことがすべてになってしまいます。

　その結果、相手への依存が高まります。特に、信頼関係が築かれてしまった後では、言っていることがどこかおかしいとか、うそなのではないかと感じても、客観的な情報が入ってこないので、信じている人の言うことなのだから正しいはず、と考えてしまうのです。

　このような周囲からの切り離しがどれだけ重大か、ということをみなさんにも少し想像してほしいので、いじめを例に出したいと思います。

　みなさんも小・中・高校、あるいは社会人生活もふくめて、これまでにいじめられた経験、いじめを目撃した経験、もしくはいじめた経験の、いずれかがあるという人がほとんどではないでしょうか。

　いじめの基本は、いじめの対象者を集団から分断させることです。分断すれば、対象者には周りから情報が入ってきません。それによって孤独や不安を感じるからこそ、対象者は分断されたことへのショック感情が高まります。

　そんな状態のときに優しくしてくれる人には、気持ちが向きやすくなります。集団から分断するというのは、人をコントロールするのにとても効果的な方法なのです。

関係性からの切り離し

　ここでは、周囲の「関係性」からの切り離しについて、まずは取り上げます。

　加害者は、対象の心の弱みをよく見ていて、その弱みにつけこんでくるということをシーン③でお伝えしました。特に、友人や交際相手、あるいは家族との関係がうまくいっていないといった人間関係の悩みの場合、それを利用して、うまくいっていない相手の悪口を言うことがあります。その人たちを悪者にして、自分に依存させようとするのです。

　また、作り話などで対象を不安にさせる、ということもします。シーン⑬でもそうですよね。女の子は、親のことを否定しているわけではないのに、男性は親を悪者にすべく誘導しているのです。「〇〇のことは信じないほうがいい」とか、「〇〇と連絡をとる必要はない」などと言って、だんだんと周囲との関係性を切っていくように仕向けるのです。

　でも、身近にいる人の気持ちや考えていることなんて、あなたにだってよくわからないことがあるのに、まったくの他人に本当のところがわかるでしょうか。むしろ、それに比べたらあなたのほうが知っているのではないでしょうか。

　それに、人間関係なんて、たとえぶつかっても、すべてわかり合えなくてもいいと思うのです。したいことに反対されたからって、家族と連絡を絶つ必要なんてありませんよね。

　あなたと家族の間で起きていることについてどう考えるかは、あなた自身の感覚を大切にしてほしいと思います。

心の結びつきを大切に

　シーン⑬のような例を読んで、「自分も同じようなことを言ってしまった」とか「うちも似たようなことがある」と、不安に感じられる親御さんもいるでしょう。

　でも、子どもはみんな、思春期になれば反抗的になるし、成長にともなって、すべてを把握できなくなっていくものです。でも、それだけで互いの絆が切れることはありません。それに、反抗したり、多少の秘密があったりすることは、人の成長過程で必要なことでもあります。

　だからこそ、日ごろから子どもとの心の結びつきをつくっておくことがとても大切だと思います。心の結びつきがあるからこそ、子どもの小さな変化にも気づくことができると思うのです。年ごろの子どもであれば、こんなことを思っているのかな、あんなこと考えているのかな、などと思いめぐらせながら、少し距離があったとしても、様子をよく見るようにしてあげてください。

 手なずけに気づくヒント

　他者が想像で言ってくることがすべてではありません。そういったことに耳をかたむけることもあっていいですが、あなた自身が経験したこと、あなた自身が感じていることとよくよく照らし合わせて向き合うことが大切です。

【マインド・コントロール（mind control）】

　似たような意味の言葉に「洗脳」がありますが、マインド・コントロールと洗脳とは異なります。

　マインド・コントロールとは、「コミュニケーションを駆使し、自分にとって都合のよい方向へと、相手の意思決定を誘導する心理操作」とされます。

　最近は、さまざまな場面でマインド・コントロールという言葉が使われている感がありますが、この概念が使われだした当初は、破壊的カルト集団が用いた技法による現象のことを指しており、限定的に用いられていました。

　マインド・コントロールがコミュニケーションを主としているのに対し、洗脳は、監禁したり拷問を加えたりしてアイデンティティを壊していくことを指しています。

　性的グルーミングは、いつわりのコミュニケーションによって関係を築かされ、だまされ、信じさせられて、加害者が意図した方向へと誘導されるもので、マインド・コントロールと共通する心理操作が認められます。

　たとえば、シーン⑬にも見られるような、外部とのしゃ断によって情報をコントロールされるというのは、マインド・コントロールでも見られる手口です。

部屋、使っていいよ

ウチの親、仲悪いんだ

そうなんだ。
家にいるのがいやなの？

うん。あんまり家にいたくない

だったら仕事に行ってる間は
おれの部屋、使っていいよ

物理的な状況からの切り離し

シーン⑬では、周囲との切り離しの中でも、関係性からの切り離しについてお伝えしました。ここでは、物理的な状況からの切り離しの手口について説明していきたいと思います。

ちなみに、感覚をしゃ断されるような環境に置かれると、人の思考の働きはにぶくなると言われています。物理的に切り離されて特殊な環境に置かれれば、いつもと同じような判断ができなくなる可能性はあるでしょう。

加害者は、性的行為に導くことができるように、周りから見られないような物理的状況をつくり出します。これは、対象と2人きりになれる状況ということですが、それだけではありません。加害者1人と、子どもが複数いる状況というのもふくまれます。つまり、ほかの大人の目に触れないということです。

物理的な状況からの切り離しの例

このように書くと、どこかにさらっていくのではないかと思われるかもしれません。でも、そうではなく、日常の一場面のように見せかけられてしまうところに、なかなか気づきにくい難しさがあります。

これから挙げるいくつかの場面が、必ずしも悪いとは言えませんし、確実に性的グルーミングにつながるというわけでもありませんが、注意をはらいたい、という観点でお伝えしたいと思います。

たとえば、個室トイレ、空き教室や会議室、ちょっとした死角などのような、身近なところで2人きりにされる場合です。こういう場所で、おもちゃやゲームといった遊びとか、「（状況的に違和感のない）○○を見てほしい」などと言葉たくみに誘われるといったことがあります。仕事や教育活動で必要とされている時間帯以外は、不用意に家族以外の大人と2人きりにならないほうがいいのかもしれません。

　また、自家用車による送り迎えのような場面もそうです。子どもに習い事などをさせていると、どうしても都合が悪くて、だれかに送迎をお願いできたら助かる、と思うことがあるかもしれません。わざわざお願いするのは気が引けても、その人が、「自分も用事があるので、ついでに」と申し出てくれたとしたら、お願いしちゃおうかな、という気持ちにもなります。地域によっては、送迎してもらうことが必須の場合もあるでしょうから、だれかに送迎してもらうことは絶対にだめ、と言えるわけではありません。

　ただし、車の中で2人きりになる状況には注意をはらっておく必要があるでしょう。たとえ子どもが複数人いたとしても、対象の子どもを最後に送り届けるようにして、自然に見えるように2人だけの状況をつくり出すなど、巧妙だったりします。

　シーン⑭のようなことはそうそうない、と思われるかもしれませんが、実は自宅にまねく、というのも典型例です。何より、加害者にとって自宅はホームグラウンドですから、勝手がよくわかっているし、だれかに中の様子を見られる危険性は極めて低くなります。被害者の側にとっても、自宅にまねかれること

は、相手のプライベートに入りこめたような、自分だけ特別扱いしてもらったような気になります。他人の自宅をおとずれることへの心理的ハードルは低くなり、むしろ楽しみにしてしまうことがあるのです。

　さらには、集団で何かをするとき、たとえば、部活動や習い事の合宿や遠征（えんせい）、キャンプや移動教室のような行事、といった状況が挙げられます。これらは本来、楽しみなことでもあります。ですから、否定するつもりはないということを先にお伝えしておきたいと思います。

　そのうえで、子どもが複数人に対して引率する大人１人、という状況はできるだけさけるべきだと考えています。複数の子どもがいても集団で被害にあい、だれも声をあげられない、ということがあるからです。

　理由は、それが被害だと気づきにくいとか、シーン⑤でも解説した返報性のルール、正常性バイアス（P99「心理学ひと口メモ」参照）などが働くためです。なるべく複数の大人で対応する、という工夫が必要だと感じます。

集団の場合に働く心理

　集団で被害にあっても、子どもたちが声をあげられない心理的な理由はさまざまありますが、そのうちの１つに、同調への圧力が働いている、ということがあります。「同調」とは、「他者が示す行動と同一の行動をとること」です。

　みなさんも、さまざまな場面で経験があることと思います。

所属している集団の中のだれかがしている言動に、自分も自然と合わせようとしますよね。特に、習い事や部活動など、日ごろから行動を同じくしている集団は閉鎖的（へいさ）になりやすい性質があり、同調圧力が高まります。

　集団の一人一人は、加害者からされた行為がおかしいと思っていたとしても、「みんなはそうしている」、「みんなはおかしいと思っていないようだ」などと考えてしまい、拒絶（きょぜつ）できなかったり、集団から抜け出しにくくなったりして、集団の外にいる人に相談しない、ということがあるのです。

　また、子どもの場合は、子ども同士でそのことについておしゃべりすることがあっても、そこから大人に話す、というところにまでいくには、時間がかかることがあります。

　ですから、集団の同調がくずれるときが重要です。ふとしたときに、子どもから被害のうったえがあったり、性被害のサイン（P132「column 4」参照）をキャッチしたりしたら、「何かあったの？」と声をかけるようにしてください。

 手なずけに気づくヒント

　必要なとき以外、家族ではない大人と子どもが2人きりになる場面はできるだけさけましょう。もし、2人きりになっていやだと思ったら、その場からにげだしましょう。必要なとき以外、家族ではない大人と子どもが2人きりになる場面はできるだけさけましょう。保護者や子どもにかかわる大人ができる工夫としては、複数の大人が見守る体制をつくる、ということだと思います。

【正常性バイアス (normalcy bias)】

　正常性バイアスとは、潜在的な脅威やその危険の程度を、最小化しようとする傾向のことを指します。

　人は、危険に関する矛盾した情報やあいまいな情報が提示されると、リスクを過小評価したり、提示された情報があいまいでないにもかかわらず別の情報源からも確認したりする傾向がある、とされています。

　このバイアスがあるために、災害時などの避難がおくれてしまうことが指摘されています。

　性的グルーミングにおいても、被害者に正常性バイアスが見受けられることがあります。

　たとえば、加害者が2人きりの状況をつくり出したり、性的行為の程度を段階的に上げていったりしたときに、まさか危ないことはされないだろうとか、このくらいの行為であればまだ大丈夫だろう、と考えてしまい、加害者からにげないということがあるのです。

　おかしいと思ったときには、その場から離れていいのです。

SNS(DM)

おれがなんとかするから
大丈夫

あなたがBの悪口を言っている
といううわさが流れてます。Y
に連絡をして頼ったほうがい
いです

困る……連絡してみます

:

悪口言ったことがばれてる。
Yさん、どうしたら
いいでしょう……

心配ないよ。
おれがなんとかするから大丈夫

複数人へのなりすまし

　シーン⑮の状況は、イラストだけだと少しわかりにくいと思うので、どういう設定なのかを説明しましょう。女の子と男性はDMでやりとりをしていて、女の子にとっては、最初の男性と次に登場する男性は、別のアカウントから来たDMなので、別人だと思っています。でも、実際には同一人物で、同じ男性が複数のアカウントをつくり、別人であるかのようにふるまっていた、という状況です。

　つまり、女の子は、最初の男性から不安になるようなことを言われ、アドバイスに従ってYに連絡をとったところ、Yから、おれがなんとかする、と言われてホッとしてしまうのです。男性は自分を頼るよう仕向けるために、別人になりすまして女の子を不安にさせていた、というわけです。

　たとえば詐欺のような犯罪で、加害者が別人になりすます、ということはよくあります。それが、SNSを使うと、1人が1人の別人になりすます、とは限りません。SNSアカウントは複数持つことも可能ですから、複数人になりすますことができてしまうのです。つまり、1人の加害者が、3人にも、5人にもなれるわけです。そして、たくみにそれぞれの人物を演じ分けます。脅迫する人、それをあおる人、優しい人、その優しい人をほめたたえる人……というように、アメとムチを演じる人物たちが登場するのです。

　おどされたり追いつめられたりすると、困ってだれかに頼りたくなりますよね。そんなときに、優しい人が登場してきます。

この優しい人が、対面で登場する加害者本人だったりします。

　ところで、ドメスティック・バイオレンス（DV）では、加害者は1人でも、暴力をふるう加害者がたまに愛情を見せるために、被害者は加害者からのがれられなくなる、ということが指摘されています。恐ろしさと優しさを織り交ぜるのは、人の行動をコントロールする普遍的な要素と考えられるのです。

　このシーンでは、複数の役割を操って被害者をパニックにおとしいれたり、被害者が依存したくなるような状況をつくり出したりして、最終的に、黒幕である自分のことを信頼し、頼るように心理的な操作をしています。加害者自身が、黒幕である自分のことを被害者が選択するように仕組んでいるので、一見すると選択権は被害者側にあるようでいて、実はそうではありません。対面であれば実際に複数人必要なことが、オンラインであれば1人でもできてしまうところに恐ろしさがあります。

　このような状況をつくり出すための土台として、情報のしゃ断と、被害者が恐怖・あせり・不安といった感情を抱かされている、ということがあります。

　シーン⑬で述べたように、加害者とその周辺にいる人以外は敵とされ、外の人とのやりとりをしゃ断されていると、被害者はだれかに相談したくてもできません。外は敵、味方は加害者だけという、とてもわかりやすい構図がつくられ、その閉ざされた世界の中であせらされてしまうために、加害者が差し出してくる手に頼らざるを得なくなってしまうのです。

　困っているときに助けてくれる人は救世主ですから、当然依存度は高まります。そのような相手から性的行為を求められる

と、応じてしまうのです。

どうやって状況を維持していくか

　2人どころか、もっと複数の人物の役割を使いこなすのだから、加害者はそうとう器用で巧妙だと感じられるかもしれません。でも実際には、そこまで完ぺきに演じ分けられているわけではない気がします。

　この手口は、子どもでも利用できてしまいます。よくよくやりとりを見てみれば、まちがっている情報があったり、以前に言っていたことと変わっていたりなど、流れが破たんしていることがしばしばです。むしろやり方は単純で、だれもが飛びつきやすい話題を持ちこんで関心を向けさせたり、話に矛盾が生じたら別の話題を持ち出したりして、被害者にあっち向いてホイをさせるようなごまかし方をすることもしばしばです。

　それにもかかわらず被害者が信じ続けてしまうのは、加害者が刺激の強さを上げていく、ということがあります。被害者を説得し続けるために、加害者は話題をだんだん過激にしたり、脅迫の程度を少しずつ強めたりします。冷静に聞けば荒唐無稽な話なのですが、刺激が強いものには想像力をかきたてられ、惹かれてしまうということがあるのです。たとえば、YouTubeのサムネイルを見たときに、刺激が強いものほど、なんだろうと思って興味を持ってしまうことはないですか？

　客観的に見れば、なぜ性的な行為に応じているのか不思議に思えるようなケースでも、恐怖や不安、そしてシーン⑮のよう

に、被害者が悪いことをしたと思わされて罪悪感があるために、加害者の提案に乗ってしまっているということなのです。

なりすましの気づきにくさ

加害者の論理が破たんしていても、こうした手口に気づくことができないことはしばしばです。一度信じたことを、そうではなかったのだと思い直すことが難しいのだと思います。そこには、被害者の心の「防衛機制」が働いていると思われるケースもあります。防衛機制とは、自分を守るために、不快感や危機的状態をさけようとする心の働きのことです。自分がまちがっていたと認めなければならなかったり、あまりにもショックな事態にみまわれたりすると、心は苦痛を感じ、自然とそれをさけるように働くのです。

信じていたことが実際はそうではなかったと認めるのは苦痛で、信じ続けるほうが簡単です。だから防衛機制が働き、結果として現実を認めにくくなる、ということが起こるのです。

 手なずけに気づくヒント

あせらされている間に気づくことは困難かもしれません。でも、会うことを要求される、性的画像の送信や性的行為を求められる、お金を要求される、加害者の言うとおりにさせられる、という実態をともなう要求があったときが、我に返るチャンスかもしれません。そんな約束は無視してしまえばいいし、相手に礼儀正しくある必要もないのです。

【否認（denial）】

　防衛機制の1つで、現実をわかっているにもかかわらず、その現実を認めてしまうと恐怖や苦痛を感じるためにそれを認めず、心の安定を図ろうとする心の働きのことです。ですから、たいへんなことが起きているにもかかわらず、落ちつきはらって行動しているように見えることがあります。

　被害者は、たいへん事態におちいっていても、とりあえずなかったこととして行動してしまうことがあるのです。

【投影（projection）】

　一般用語としても使われていますが、厳密な意味では、防衛機制の1つです。自分からわき出る感情や欲望を自分のものとして認めるのが受け入れがたいとき、相手のものとして考えることを指します。

　たとえば、自分自身のことをかわいそうだと感じるのはつらいですよね。そうしたときに、相手をかわいそうだと思う心の働きです。

【スプリッティング（splitting）】

　これも防衛機制の1つです。1つの物事や1人の人には、良い面も悪い面も両方あるのが当たり前ですが、たとえば、ある人の良い面と悪い面をバラバラのものだと考えて、悪い面は見ないように、良い面だけ見るようにする、という心の働きです。

column 3

トラウマ出来事にあうと……

　人は、性被害などのトラウマ出来事にあうと、さまざまな反応や症状を示すと言われています。以下に代表的なものを挙げますが、トラウマ出来事にあえばだれにでも起こり得るものです。

［出来事の最中］
○闘争・逃走反応

　生き延びるために、敵と闘うか、にげるかしようとする反応で、呼吸や心拍数が増加したり、汗をかいたりします。

○フリージング

　闘争・逃走反応と同じで、恐怖に対する防御反応です。意識ははっきりしていますが、緊張が高まり、身体が固まってしまっている状態です。被害者が抵抗できない原因の１つになります。

○かい離

　現実感が失われて夢の中にいるような感じがしたり、自分が自分ではないような感覚になったり、時間感覚がゆがんだり、感情がマヒしたりします。

［出来事から１カ月後くらい］
○PTSD

　フラッシュバックを起こしたり、逆にそのトラウマ出来事のことを考えないようにしたり、過度な自責感を抱いたり、イライラしたり、といったことがあります。

第 **4** 章

対象を性的行為に
馴^なれさせる言葉

対面

（こちらが正しくて）
君がまちがってるんだよ

なぜ頭をなでることが
おかしなことだと思うの？

だって、人に
触られたくないし……

ほかの人はそんなこと言わない
よ。ほめながら頭をなでるのは
普通のこと。（じょうだん半分
で頭を強めにたたく）君がまち
がってるんだよ

でも……
（私が気にしすぎているだけなのかな）

頭をなでられるのは普通のこと？

　程度の差こそあれ、みなさんも子どものころから人とスキンシップを交わしてきたことでしょう。

　海外の人に比べて、日本人はスキンシップが少ない傾向にありますが、それでも、仲良しのしるしとして手をつなぐとか、互いにがんばりをほめたたえるときにあく手をするとか、背中に手を置いて相手をはげますとか、悲しいときにハグし合う、ということがあると思います。

　父親や母親と、ということもあるでしょうし、子ども同士でのスキンシップもあります。家族以外の大人と、ということもあるかもしれません。シーン⑯にある、頭をなでられるというのは、その典型例でしょう。よくがんばった、などの言葉とともに頭をなでられる、という経験をした人は少なくないと思います。

　でもこのシーンでは、頭をなでられた女の子がいやがっていますね。人に触られたくないと言っています。男性は、女の子を納得させるべく、頭をなでるのは普通のことだと重ねて伝えています。

　さて、ほかの人は受け入れていることだから、よくあることだから、そして、性的部位ではないのだからと、他人に触られることは自然でしょうか。受け入れなければならないでしょうか。他人が触っていいかどうかは、どの部位であっても自分の身体なのですから、自分で決めていいはずです。

　そして、いやだという気持ちを言い表すことだって、まった

く悪くありません。日本では、女性は受動的であることが、ある程度評価されてしまう面があります。男性は積極的、女性は受動的、または消極的、といったイメージを持っている人が少なくないのではないでしょうか。

　これは、ジェンダーステレオタイプと呼ばれる「男らしさ」「女らしさ」という固定観念です。もちろん、少しずつ時代は変わってきていますし、みんなが同じ考えではないと思います。それでも、社会全体の価値観やイメージは、残念ながらまだまだ変わっていないところがあります。

　ですから、特に女性は相手から言われたことを拒否するのはよくないことだと思いこみ、そうすることを難しくしているのではないかと懸念しています。くり返しますが、自分がされていやだと思うことは、相手がだれであろうといやだと言っていいのです。

非難されるべきはだれなのか

　シーン⑯では、自分の主張に自信がなくなって迷いつつある女の子に、念押しするように頭を強めにたたいて、君のほうがまちがっている、と指摘しています。

　本当は、この時点で相手の言動はおかしいと気づけたらいいなと思います。でも、たとえばちょっと強く押されるくらいであれば、それが「暴力」だと気づいたり、相手が自分よりも年齢の離れた先輩や大人であれば、その場で非難したりすることは難しいだろうと思います。

私は、こういう経験をした多くの人々に接してきました。暴力をふるわれたり、いやだと思っているけど性的なことをされたりしたとき、その話を第三者が聞いたら「相手が悪い」とすぐに思えますよね。

　でも、当事者はそんなふうに思えないことがあるのです。まして相手が知り合いだったり、社会的立場が上の人であったりすると、非難することはさらに難しくなります。相手のしていることが正しいのではないか、と思ってしまうことがあるからです。

　そんなときにおちいりがちなのが、自分のほうに原因があるのではないか、自分が悪いのではないか、という思考です。そうなると、相手が正当化されます。

　自分が悪いのだから、相手が怒ったり自分を責めたりするのは当然だ、と思うわけです。こうしていつの間にか、怒られたり責められたりしている自分のほうが加害者であるかのように、そして、加害者のほうがまるで被害者であるかのような気持ちになってしまいます。つまり、加害者と被害者の立場が逆転してしまうのです。シーン⑯でも、最後には女の子が、自分のほうがおかしいのではないか、と思ってしまっています。

　また、自分に対していやなことをしてくる合間で、相手が時に優しさを見せたり、愛情を示してきたりすると、状況がさらに複雑になることがあります。

　いやなことをされているのに、相手が見せてくる優しさや愛情にほだされて、つい許してしまう、ということが起きるのです。こうなるともう相手の思うつぼで、何かきっかけがあるた

びに怒ってくる、責めてくる、ということがくり返されるようになります。そして同じように、怖いから、自分が悪いからと思ってしまい、相手に合わせる、許すという態度をくり返してしまうのです。

 手なずけに気づくヒント

　ここで改めて、「触れる」「触られる」ということについて考えてみたいと思います。たとえば、だれかと談笑している最中に、ちょっと相手の腕に触れる、あるいは相手から触られる、というような経験をしたことがみなさんにもあるでしょう。ただし、それをどんなふうに感じるかは、人によって温度差があるのではないでしょうか。

　触られてもあまり気にしないという人もいるかもしれませんし、「触られた」とそのことについて意識する人もいるかもしれません。性的部位ではなかったとしても、ほんの少しだけだったとしても、性別を問わず、接触するというのは侵入的になり得る行為なのです。シーン⑯のような場合に限らず、自分の考えと他者の考えとが異なるシチュエーションはあります。

　異なっていることが悪いわけではありません。相手の感覚や意見を尊重しつつ、自分自身からわき起こる感覚や考えも大切にしてほしいと思います。

【プライベートゾーン】

　水着で隠れるところをプライベートゾーンと呼びます。プライベートゾーンは、他者に見せない、触らせない、自分の大切な部分です。そして、水着では隠れない部位ですが、口も同じようにプライベートゾーンです。だれかが勝手に触っていい部分ではありません。

【トラウマティック・ボンディング (traumatic bonding)】

　「トラウマ性の絆」と言います。他者との心の結びつきを感じるアタッチメント（愛着）は、本来ならば安心感がもとになるはずです。

　でも、ドメスティック・バイオレンス（DV）などにおいては、くり返し暴力をふるわれる被害者であるにもかかわらず、加害者との心理的な結びつきが生まれて、加害者からのがれられなくなる現象が起きると指摘されてきました。そういった結びつきを示すときに用いられる概念です。

　みなさんも、交際相手や結婚相手など、親密な関係にある人からふるわれる暴力（親密なパートナーからの暴力「Intimate Partner Violence=IPV」）で、「デートDV」という言葉を聞いたことがあるかもしれません。

　心理学者のダットンとペインターは、情緒的な愛着は、力関係の不均衡と、時に生じる暴力、その合間で示される親密さによって強くなる、と述べています。

ひざに手を置く

 この数式でわからないところは
ないかな？（後ろから肩に手を
置く）

大丈夫です

 よく理解できているね
（ひざに手を置く）

え……

 すごいすごい！（抱きしめる）

通常のコミュニケーションと見分けることの難しさ

　ここでは特に、対象が子どもである場合に焦点を当てましょう。シーン⑰を見ると、「こんなに次々と触ってくること、あるわけない！」と思うかもしれません。たしかにそうなんです。ここでは、性的グルーミングの手口をお伝えするために、少し強調しています。でも、このシーンは典型的です。何が典型的かというと、性的グルーミングは、通常のコミュニケーションや好意を表す行動とよく似ている、ということ。それが、この犯罪の見極めを難しくしています。

　まずは、最初の講師の行動を見てみましょう。子どもの肩に手を置いていますね。こうした場面はよく目にしますし、多くの人が、コミュニケーションの一部だと思うでしょう。肩に手を置くということ自体は悪いことでもなんでもなく、置いてはだめだとか、置かれたらただちに拒否すべきなどと言うことはできません。シーン⑯でも述べたように、最後のハグも、気持ちを表すときにはよくある行為です。

　では、通常のコミュニケーションなのか、わいせつな目的を持った行為なのかを見分けるのは難しい、ということで話は終わってしまうでしょうか。

段階を引き上げていく手口

　いいえ、そんなことはありません。重要な点は次にあると言えます。性的グルーミングでは、最初は子どもが受け入れやす

いような部位への身体的接触から始めて、少しずつきわどい部位へと段階を高めていき、他人から身体を触られることに馴れさせていくのです。そして最終的には、性的部位に触れます。

　よくあるパターンは、頭、髪の毛、腕などから触れていって、性的部位の近くを触るとか、洋服の上から性的部位を触ります。ひざの上に乗せる、などもあります。このとき、加害者はふざけた感じを出したり、マッサージを口実にしたり、練習に必要なのだと言ったりします。

　また、ゲームの一環として、子どもに性的な接触をさせたり、したりする場合もあります。こういったことは、特に、加害者と子どもだけの閉ざされた空間の中で起きがちです。

　「閉ざさられた」というのは、２人だけ、という意味ではありません。もちろん、２人だけの場合もあるのですが、ここまで何度かくり返してきたように、複数の子どもがいる場でも行われたりします。

　加害者の車、自宅、合宿や課外授業の遠征先などがありますが、いずれも、まともな大人の目が届きにくくなるような場所で行われることが多いのです。

　だれだって、もっともらしい説明をされたらそれが本当なのか、それとも悪意をふくんでいるのかを見分けることが難しくなってしまいます。でも、マッサージであれゲームであれ、大人が性的な部位を見せる、触らせるということを子どもに要求するようなことがあっていいはずがありません。コミュニケーションが進んでいく中で、相手が性的部位に触れてくる、性的な話題を持ち出してくる、ということがあったら要注意です。

男子の場合はさらに気づくのが難しい

　性的グルーミングでは、加害者がたくみに誘導していくために、男女を問わず、加害者の思惑に気づきにくくなります。私は、その傾向が特に男子の場合に顕著だと感じています。

　ある男性のタレントさんが、YouTubeでこんな話をしていたことがあります。しばらく前のことなので、私も詳細は忘れてしまったのですが、中年の女性が、そのタレントさんの下半身を洋服の上から触ってきたことがあったそうです。そのタレントさんは、男性だからといって触られていいものじゃない、というようなことを言っていました。

　この出来事は、性別を入れかえてみれば、大問題になるはずです。触られるのが男性だから、触るのが女性だから、社会的に許容されてしまう、というような雰囲気がまだ世の中にあるのではないでしょうか。このタレントさんの主張は正当だと感じます。

　このようなジェンダーバイアスで、男子は「ふざけ」だったり、「ゲームの一環」だったりで、性的部位を触られてしまうようなことが起こるのです。

　こうした風潮が、これは「性被害だ」と男子がうったえにくい一因になっていると言えるでしょう。相手は遊びのつもりなのに、自分だけが真剣で深刻な出来事だと考えるのはおかしいのではないか、と思ってしまうのです。

　加えて、男子の場合には、されたことにどういう意味があるのかが理解しにくい、ということもあります。性被害では、被

害だという認識がおくれる、ということが多く見受けられますが、男子の場合には、イメージしている性的な行為とはちがったり、まさか男子である自分が性的な被害にあうわけがないと思ったりして、自分の身に起きていることは被害だと気づくまでに時間がかかってしまうのです。

 手なずけに気づくヒント

　大人と子どものコミュニケーションで、多少ふざけることがあったとしても、性的部位に触れてくる、個人的な性的経験を聞いてくる、ということは普通に考えてあり得ません。少しでもいやだと思ったら、いやだと伝えたり、その場からにげたりしましょう。

　加えて、恋人と交際などを始める中学生以上のみなさんにお伝えしたいことがあります。交際の中では、たとえば相手から肩を抱かれるというようなこともあると思います。そんなとき、試しに一度、いやがってみるのはどうでしょうか。それで相手が申し訳なく感じているようであれば、それは良い関係と言えるかもしれません。なぜならその人は、ちゃんと相手を尊重する「他者性」を意識していると思われるからです。

　こういった意識を持っているかいないかは、こちらが同調しているときにはわかりません。否定したり、拒否したりするときにこそ、相手にとっては「他者」が現れるのです。そのときにどうふるまうかによって、相手の意識が見えてきます。

【アンコンシャス・バイアス（unconscious bias）】

シーン①の「心理学ひと口メモ」で取り上げた「ステレオタイプ」と、ここでいう「バイアス」とは、同じように感じられるかもしれませんが、異なります。ステレオタイプは、単純化され固定化された認知様式で、その内容が事実とはちがう場合が多いのに対し、バイアスは、「先入態度」とも訳される、個人があらかじめ持っている態度が認知に影響するものを指します。

内閣府男女共同参画局では、性別による無意識の思いこみ（アンコンシャス・バイアス）に関する調査を行っています。2022年8月に、全国の20〜60代の男女約1万人に調査した結果では、

　・「男性は人前で泣くべきではない」と考えている男性は、男性全体の28.9％
　・「男性より女性のほうが思いやりがある」と考えている女性は、女性全体の16.5％

であったことが明らかにされています（調査では、「そう思う」から「そう思わない」までの4件法で回答を求めています。ここでは、「そう思う」、「どちらかといえばそう思う」の回答を合わせた割合を示しました）。

性被害においては、被害時の行動、被害開示から、その後の支援につながるまでの間に、被害当事者、当事者家族、教員など周囲の人々の性に関する思いこみが反映されやすいと感じます。女子だから相手から言われたことを受け入れなければならない、男子だから自分が傷ついていることを相談してはいけない、ということはありません。改めて、私たちの中にある思いこみを問い直したいものです。

scene
18

SNS（DM）

大人になれるよ

だれかと付き合ったことある？

ないです……

だれかとキスしたことは？

ないです……

キスすると大人になれるよ。
君の写真を送ってよ

あやしい話題をあやしくなさそうに見せる

　みなさんにお聞きしてみたいと思います。まず、シーン⑱の最後の書きこみを見て、写真を送る、という人はどのくらいいるでしょうか。ほとんどいないことと思います。はじめから、最後の部分がメッセージとして届いたとしたら、写真は送らないと確信できることでしょう。性的な話題だし、なんだかあやしい、と思いますよね。

　それでは、最初の書きこみにもどってみたいと思います。どう感じますか？　あやしいでしょうか？　この段階で、相手とのやりとりをやめようと思う人は、それほど多くないのではないかと思うのです。交際経験をたずねることは、たとえば友だち同士であれば、ちょっとした会話の中でもあることでしょう。ですから、答えることにそれほど抵抗感はないのではないかと思います。

　ここに、性的グルーミングの加害者の手口の1つを見出すことができます。

　シーン⑰は対面の設定だったので、ここではSNS（DM）を想定してみました。SNSでも、性的な話題に寄せられそうな会話から始めて、少しずつ性的な話題を絡ませていくという、段階的な引き上げの手口が認められます。

　シーン⑱のように、最初は、交際相手がいるかどうかをたずね、その後で、その相手などとの性的な経験をたずねるというやりとりは、典型例です。

　私はシーン⑰で、「性的部位に触れてきたり性的な話題になっ

たりしたら要注意、いやだと思ったら断ろう」とお伝えしました。みなさんは、それはそうだと思ったでしょう。

　でも実際には、あやしいと気づきにくい話題から入っていくことがあるのです。軽いノリで話せるような話題を持ち出した後で、だんだんと性的話題に誘導していきます。

　このシーンでは、やりとりが2往復しただけなのに話題が性的な方向にぐっと展開していて、実際のところはなかなか気づきにくいでしょう。身体的な接触と同じで、SNSにおいても段階的に進んでいく加害者の手口です。

若者の性的関心を利用する

　思春期を迎えた10代の若者であれば、だれかのことを好きになったり、性的な話題に興味や関心を持ったりということが当然あるでしょう。それは人として自然なことです。ただ、加害者は、そういった気持ちを利用することがある、ということもお伝えしておきます。

　警察庁は、SNSを通じてお互いに面識のない加害者と子どもが知り合い、犯罪に発展した事件の数を、犯罪の種類ごとに公表しています。それを見ると、2023年は、前年と比べて「不同意性交等」という性犯罪が約2倍にもなっていることが示されています。そして、それらの犯罪被害にあった子どもは中学生が最も多く、全体の44.9％と約半数を占めています。

　さらに、ここからが重要なのですが、そうした犯罪被害に発展した事案で最初にSNSに投稿したのがだれであったかとい

うと、加害者は15.1％に過ぎず、実は被害にあった子どもが74.2％と圧倒的に多いのです。最初に投稿した子どもの書きこみの内容は、「援助交際募集」が20.3％と最多でした。

　この統計が性的グルーミングの全体像を示しているわけではありませんが、SNSにおいて、加害者は子どもたちの書きこみをよく観察しているということは言えそうです。

　そして、性的なことに関心を寄せている子どもを見分けて、声をかけてくるのです。シーン⑱のように、子どもの関心に寄せた誘いかけをしてくることがあるかもしれません。

　ネットはとても便利なものですが、ネットの向こう側にいる大人がつねに、自分にとって「良い」人であるとは言えず、注意深くなる必要があるでしょう。

　思春期になれば、周りの友だちと比べる気持ちも出てきて、自分には交際経験がないとうらやましくなったり、劣等感を覚えたりすることがあるでしょう。性的な経験をすると大人になれるような気がするかもしれません。

　そしてもしかすると、そういった経験があることで、自分の存在意義を感じられる、という人もいるのではないかと想像します。

　でも、あせる必要はないのです。私はこれまで、心理学者としてたくさんの人と出会い、話を聞いてきました。そうしていると、人の成長は本当にそれぞれなのだということがとてもよくわかります。

　その人の性格も育ってきた環境も異なっているからこそ、これが最適解、というものはありません。ですから、ほかの人た

ちの言うことにふり回されないことが大切です。

　あなたの存在意義は、相手や、性的関係によって決められる
ものではありません。

手なずけに気づくヒント

　SNSでやりとりを続けていれば、話題が広がったり、深まった
りすることがあるでしょう。そのうちに性的な話題が出て、なん
となく興味をひかれたり、おもしろそうだと感じたりするかもし
れません。でも、階段は一度上り始めると、下りることが難しく
なります。「この話、続けていいのかな？」と、冷静になる時間
をつくるようにしましょう。

【フット・イン・ザ・ドア・テクニック（foot-in-the-door technique）】

　他者を説得しようとするときには、いくつかの方法がありますが、心理学で明らかにされているものの1つに、このテクニックが挙げられます。最初は、相手が受け入れやすい簡単な要求をすることで、しだいに難易度の高い要求を受け入れさせようとする技術のことです。

　みなさんには、この技術を悪用するのではなく、こういうことにだまされないようにしてほしいという思いでお伝えします。

【包括的性教育（Comprehensive Sexuality Education：CSE）】

　2009年、ユネスコ（UNESCO）、国連合同エイズ計画（UNAIDS）、国連人口基金（UNFPA）、ユニセフ（UNICEF）、世界保健機関（WHO）は、性教育の指針として「国際セクシュアリティ教育ガイダンス」を発行し、2018年には、国連女性機関（UNWOMEN）も加わり、よりジェンダー平等に向けたものとなった改訂版を発表しました。

　ガイダンスの中では、①人間関係、②価値観、人権、文化、セクシュアリティ、③ジェンダーの理解、④暴力と安全確保、⑤健康とウェルビーイング（幸福）のためのスキル、⑥人間のからだと発達、⑦セクシュアリティと性的行動、⑧性と生殖に関する健康という8つのキーコンセプトと、それに基づくトピックが掲げられており、トピックをくり返し学んでいくことが「包括的性教育」とされています。

　性教育という言葉からイメージされるよりも、より広い学びが求められているのです。

みんなやってることだよ

 キスしてもいいよね？

え……でも……（怖い）

 だって恋人同士なんだからさ

まだしたことないし、
心の準備が……

 大丈夫。付き合ってるなら
みんなやってることだよ

いやだという気持ちをどう伝えるか

　シーン⑲で女の子が「（怖い）」と思ったところに同調した人。そういう気持ちになること、あります。次の「心の準備が……（できていない）」と言ったところに同調した人。そういう気持ちになること、自然です。自然なのですが、ここでぜひ、考えてほしいことがあるのです。それは、自分の思っていることを相手にどう伝えるか、ということです。

　このシーンの男性はずるいですよね。女の子がはっきり言えずためらっている間に、どんどん説得してきます。

　性的グルーミングでは、大人が子どもをだますという手口が社会的には問題視されていますが、私の経験からすると、シーン⑲のような場面は、子ども同士や、少し年の離れた先輩と後輩といった関係性の中でも起きています。

　そして、「……」となって何も言えない間に、相手に押し切られてしまうことが多いのです。被害にあいそうになったら、「Say No（いやだと言う）」「Run（にげる）」「Tell（だれかに相談する）」が大切と言われていますし、私自身も本書の中で、いやだと言いましょうとお伝えしてきました。ただ、そもそも「No」を言えるか、というところに課題がある気もします。

　そこで、どうしたらいやだという気持ちを相手に伝えることができるのかを考えてみたいと思います。いくつかアイデアを出してみましょう。

　① 「がんばって言う」：どうでしょうか？　これができたら

悩んでいない、という声が聞こえてきそうです。でも、できるのであれば、効果はありそうですよね。実は、他人にいやだと言うことが苦手だった人が、何度も練習したことで、性被害にあいそうな場面で練習を思い出し、言うことに成功した、という事例もあります。

② 「何も言わずにその場から立ち去る」：いやだと言うことにストレスを感じる人であれば、これも案外、できることかもしれません。言葉にはなっていませんが、いやな気持ちが態度には表れますし、それ以上の出来事をさけることもできます。

③ 「まずは自分の気持ちをつかまえる」：これは、返事をする直前のことです。実は、これをみなさんにいちばん伝えたいと思っていました。少し高度かもしれません。特に、シーン⑲のように相手から説得されると、相手が正しくて自分がまちがっているのでは、と思うことがあるのです。そうなると、気持ちが混乱してわけがわからなくなります。でも、自分の心の「引っかかり」を大事にしてください。これはおかしいことなんじゃないかと感じるとか、いやなことだと感じる、といった「引っかかり」に自ら気づいてほしいのです。それが、相手に意見を言うための第一歩となるでしょう。

　ちなみに心理カウンセラーは、相談者とやりとりしながら自身の気持ちをつかまえるということをやっています。それは、自分の中に生じてくる感情に気づくことで、相談者がどんなこ

とを伝えたいと思っているのかを理解することにつながるからです。自分の気持ちをつかまえることは、その状況を打開するための糸口となります。

　いやだということを伝えて、相手との関係がこわれるのを気にする必要はありません。それでこわれるくらいなら、遅かれ早かれこわれるものだったでしょう。自分の率直な気持ちを受け取ってはもらえないということなのですから。

「みんな」とはだれのこと？

　「みんな」という言葉にみなさんが弱いこと、知っています。みなさん自身も、親や先生を説得するときに使っていませんか？「みんながしている」と持ち出して、同意を得ようとしたことがあると思います。

　逆に、他人から「みんなそうだ」とか「みんな持っている」と言われると、そうでない自分がおかしいとか、悪いかのような気持ちになってしまいますよね。

　こんなふうに、みんながしていることに納得感や安心感がわく仕組みは、心理学によっても明らかにされています。前にも登場している社会心理学者のチャルディーニは、著書の中で、テレビのお笑い番組に演出として使われる、録音された笑い声の効果について述べています。あの笑い声が流されることによって、視聴者はそのネタをおもしろいと感じ、笑う回数が増えるというのです。これが本当かどうか、機会があったらみなさんも気にしてみてください。

また、その原理として、ある行動をとる人の数が多ければ多いほど、人はそれが正しいと判断するのだと指摘しました。そう言われると、思い当たることはたくさんあると思います。たとえば食事をするためにお店を探すとき、お客がたくさん入っている店はおいしいのではないかと、安心感を抱くことがありますよね。

　つまりシーン⑲では、「みんな」を持ち出すことによって安心感を持たせ、たくみに相手が同意する方向へと誘導していると言えます。

　でも、「みんな」っていったいだれでしょう。具体的に、周りのだれが「みんな」の中に入っていますか？　改めて考えると案外、実態なんてないことに気づくはずです。そんな「みんな」に合わせる必要はありません。

 手なずけに気づくヒント

　シーン⑲の最後では、「みんなはそうでも、私はまだ無理かな」「私は、今はそういう気持ちになれない」と、自分を主語にして相手に伝えられるといいですね。

【社会的証明（social proof）】

　チャルディーニは、「人は、ほかの人たちが何を正しいと考えているかを基準にして物事を判断する」という社会的証明の原理についてくわしく述べています。

　彼は、この原理について知りたければ、空や高いビルの一点を見上げてみればよい、と言っています。あなた１人が見上げたとしても、ほとんど何も起きないだろうが、複数の友だちといっしょに見上げてみれば、多くの通行人がいっしょに空を見上げることになるだろう、と。

　そして特に、私たちが他者の行動を正しいと思いがちなのは、自分の言動に確信が持てないときや、状況の意味が不明確であったりあいまいであったりするときだ、とも述べています。

　本来、性的な行為はコミュニケーションの１つであって悪いことではないために、判断が難しいと感じます。○歳から行うべきこと、という基準もありません。だからこそ、相手から求められたときに拒否すべきなのか、受け入れるべきなのかを迷ってしまうんですね。

　そして「みんな」がしていることであれば、相手に合わせるのが正しいと思ってしまいます。でも、みんなに合わせる必要なんてありません。自分の感覚、自分の判断に従うべきです。

被害にあった子どものサインと対応

　性被害にあってしまった子どもには、次のようなサインが見られることがあります。日常的に見られる言動もふくまれるので、以前の様子や、ほかの同年代の子どもと比較してみて、気になる様子がないかを見るといいと思います。

〇**心理面**…不安、イライラ、落ちこみ、ぼーっとする、元気すぎる、不眠（ふみん）、悪夢、夜驚（やきょう）（睡眠（すいみん）中に突然（とつぜん）叫（さけ）ぶ、怖がる）

〇**身体面**…頭痛、腹痛、食欲不振（ふしん）、過食、過呼吸

〇**行動面**…登校をいやがる、他人と接するのをいやがる、安心できる家族といたがる、事件関係のニュースをいやがる

　もし、性被害を打ち明けられたら、次の対応をとります。

①　打ち明けてくれたことに「ありがとう」と伝える

　性被害というのは、なかなか人に言えないものです。だから、打ち明けてくれた勇気を、まずは認めたいものです。

②　落ちついて話を聞く

　話を聞いて動揺（どうよう）することもあると思いますが、冷静に受けとめることが必要です。話すことを無理強いせず、子どものペースを尊重してあげてください。子どもの記憶は変わりやすいので、子どもの話を言いかえたり誘導したりせず、「だれに」「何をされたか」を聞く程度にとどめ、メモしてください。

③　専門機関に相談する／相談を勧（すす）める

　できるだけ早く専門機関に対応してもらうことが必要です。警察や児童相談所、ワンストップ支援センターなどに相談するようにしてください（P160「付録3」参照）。

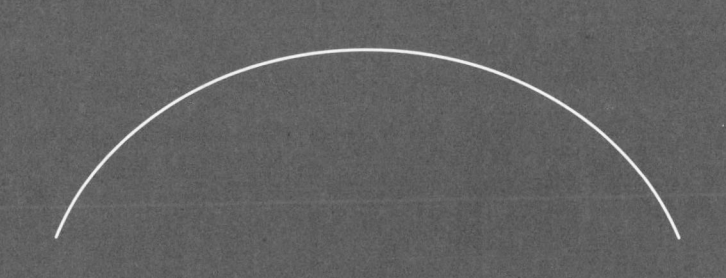

第 **5** 章

対象による発覚を
防ぐ言葉

対面

だれにも言っちゃだめだよ

（キスしているところを撮影して）
いつでも君のことを見ていたいか
ら撮るんだよ

（おどろく顔をして）
でもはずかしいな……

今したことは
だれにも言っちゃだめだよ

どうして？

2人だけの秘密だから。
君にも写真を送るね

最初に「口止め」について知っておいてほしいこと

　これ、多いんです。加害者が口止めすること。みなさんに知ってほしくて、このあとのシーン㉑でも取り上げることにしました。典型的なケースは、対象が子どもの場合なので、子どもを想定します。

　加害者から直接的に口止めされるパターンと、加害者からたくみに誘導された結果、対象の側にさまざまな感情がわいてきて、結果的に言えなくなるパターンとがあります。そこで、シーン⑳ではまず、前者のパターンを取り上げたいと思います。

　口止めについて、特に重要なことがあります。性的グルーミングと通常のコミュニケーションとが似ていて見分けにくい、ということはこれまでにもお伝えしてきましたが、この「口止め」は両者で大きく異なるのです。

　通常のコミュニケーションでは、適切な関係において大人が子どもに口止めしてくることはありません。たとえば、子どもが何か相談をしたときに、相談した相手から「相談したことを親に言ってはいけない」とか、「会っていることは秘密」などと言うことはないはずです。ですから、まず口止めをしてきたら危険だと感じていいと思います。

相手から直接口止めされるとき

　具体的にどのような口止めの手口があるのかをお伝えします。シーン⑳のとおり、なんらかの性的な行為があった後で、加害

者が「だれにも言っちゃだめ」「人に話したらいけない」と言うことは本当に多く、まさに典型例です。それに続く「2人だけの秘密」という言葉もそうです。

　ところで、「秘密」というのは、共有している相手と特殊な関係性をつくり上げるものです。年を重ねるにつれて、さまざまな場面で秘密を持つこと、持たざるを得ないことがあるということがわかってきます。すべてをクリアに、オープンにはできないことも世の中にはあるからです。けれども、秘密を共有することが特殊な関係性をつくる、ということは意識しておく必要があるでしょう。

　また、秘密は「守る」と言いますよね。守るということは、その秘密を共有する人を心の中に抱える、ということです。つまり、その人のことをつねに考えさせられているのです。

　性的グルーミングにおいて秘密を守らされることは、その出来事を口外しないということもありますが、それだけ相手との関係が密接になるということでもあるのです。

　ほかにも似たような言葉として、「お父さんやお母さんには内緒」があります。子ども同士の性的グルーミングでは、高学年の子どもが、対象である低学年の子どもや、その行為を目撃していたほかの子どもに対して、「先生に言っちゃだめ」と口止めしていたことがありました。

　こうした言葉が、関係性ができる前の、見知らぬ人からのものであれば、約束を守る必要はない、と思いきれる可能性は高いでしょう。でも、いつわりや一時的であったとしても、信頼を寄せていたり、愛情を抱いていたりする相手や、自分より立

場が上の相手から言われてしまうと、安易に相手を裏切れなくなってしまう心理が働きます。

　特に私の経験上、対象の年齢が低いほど、相手から口止めされるとそれを守ってしまう傾向が強いと感じます。幼い子どもは、大人の言いつけや約束を守ることが正しい行動だと思っているからでしょう。

　とはいえ、ここがたいへん難しいところで、もちろん普段の生活において、親や先生から言われたことを守るのは大切です。子どもは幼いほど、親の庇護のもとにいるのですから、それは当然でしょう。

　ただ、もし口止めされたときに「おかしいな」と感じたなら、なぜ言ってはいけないのかを改めて考えてみて、そう言われたことをだれかに相談してほしいと強く思います。

気軽に性的写真を送らない、撮らせない

　シーン⑳には、もう１つ気になるやりとりがあります。女の子がはずかしいと思っているのに、男性が勝手にキスしているところを写真に撮ってしまっているのです。これも本当に多いパターンです。

　性的グルーミングによって恋愛関係にあると思わされている場合だけでなく、実際に交際している関係でも、相手から求められて撮影に応じてしまったところ、後になって、相手がその画像を友だちに送信してしまう、その友だちがさらに別の知り合いにその画像を転送する、ということが起きています。

こうなれば、ネット上にその写真が拡散されてしまって、完全に削除することが難しくなります。また、そのときは関係が良好だったために撮影を許したけれど、のちに関係が悪化してしまい、いざ画像を取り返したくてもできなくなってしまった、ということもあります。さらに、相手の手元にある性的画像をもとにおどされるというケースもあります。

　ネット上に自分の性的な写真が残っていると思うと、いつまでも不安な気持ちからのがれられない、と悲痛な思いをうったえた人がいました。気持ちというのはいつか変わるものですし、相手との関係も変化することがあります。自分の性的な写真はだれにも送らないように、そして撮らせないようにすることが大切です。

手なずけに気づくヒント

　まともな大人は、2人だけの出来事について口止めなんてしないはずです。口止めされたときは理由をよく考えて、むしろだれかに相談してみましょう。相手との行為の写真がなくても、思い出は心に残るはず。性的写真は、送らない、撮らせないようにしてください。

【セクストーション（sextortion）】

　性的脅迫と訳すことができます。加害者が、被害者の性的画像を公開するとおどして、さらに性的画像を送らせたり、性的行為をさせたりすることを指します。アメリカの連邦捜査局（FBI）は、10代の若者をターゲットとしたセクストーションの犯罪が増加していると警告を発しています。

　さらにFBIは、未成年者を対象とした「金銭目的のセクストーション」も増加していると注意をうながしています。これは、セクストーションと手口としては同じですが、性的画像や行為ではなく、お金を得ることが加害者の目的となっています。性的画像などを受け取った後にそれをネタにして、被害者がギフトカードやモバイル決済サービス、送金、暗号通貨などでお金を支払わない限り、画像を公開するとおどす犯罪です。

　この問題は深刻化しており、金銭目的のセクストーションによって、被害者が自傷行為をしたり、自殺にいたったりする可能性のあることが指摘されています。FBIと国土安全保障捜査局によると、2021年10月から2023年3月にかけて1万3000件以上の報告を受けていて、少なくとも1万2600人の被害者（主に男子）が巻きこまれ、20人の自殺につながったとしています。

　もしこのような犯罪に巻きこまれたら、証拠を残したままで相談を、とFBIは伝えています。はずかしいと感じるかもしれませんが、命のほうがはるかに大事です。1人で抱えこまず、とにかくすぐに相談してください。

君は、はずかしいことを
したんだよ

悪いことをしたと思ってる？

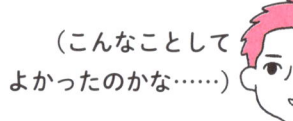
（こんなことして
よかったのかな……）

まだ子どもなのに、君は、
はずかしいことをしたんだよ

え……

だからだれにも言わないほうが
いい。ところでゲームやる？

子どもの罪悪感につけこむ

　最後に、シーン⑳とは別の、もう1つの口止めの手口についてお伝えします。加害者は、直接的に口止めするのではなく、シーン㉑のように、子どもの心理をたくみに操作して、結果的に言えなくさせるという手口を使うことがあります。ここでは、そもそも男の子が自分の身に起きた出来事について、「（こんなことしてよかったのかな……）」と心の中で迷っているときに、男性が「はずかしいこと」という意味づけを先にしています。それによって、男の子の罪悪感を助長しようとしているのです。

　実は、人の感情の中でも、罪悪感って強いんです。なぜなら、規範意識や倫理観にうったえるものだからです。そして、難しいことに罪悪感は、自分が悪いと思って反省すると、むしろ増幅してしまいます。

　それだけ強い感情なので、他者から罪悪感を押しつけられてしまうと、人はどうにもできなくなるのです。私のこれまでのカウンセリング経験では、子どもであっても性的な行為をした後、された後には、どこかで「おかしなことなんじゃないか」とか「いけないことをした」と思っていることがあります。そう思っているときに、相手から「あなたのほうに責任がある」とか「あなたが悪いことをした」というようなことを言われたら、自分を責めてしまいますよね。そうして疑問や不安を感じている子どもの心につけこむのです。

　罪悪感によって身動きが取れなくなり、視野がせまくなってしまう。だからこそ、だれかに話して視野を広げたほうがいい

のです。

被害認識をおそくさせる言葉

　シーン㉑には、もう１つ悪質な手口があります。それは、最後の「ゲームやる？」という言葉です。性的な出来事が起こったすぐ後には、被害にあった子どもでも大人でも、それを「被害」だと認識できない場合があります。

　ここまでにも同様のケースを紹介してきましたが、信頼していた相手が言ったりやったりすることであれば、すぐにそれを「悪いことだ！」と批判できないことがあるのではないでしょうか。信頼できる相手、特に社会的立場が上の人の言うことは、「ちがうかもしれない」と一瞬思ったとしても、「そういうものかな」などと受け入れてしまうこともあると前にも言いました。

　つまり、実際には被害と言える出来事だったとしても、その後すぐに被害だという認識を持てるとは限らないのです。

　その被害という認識をさらにおくらせるのが、「ゲームやる？」という言葉なのです。「食事をしよう」とか「出かけよう」という言葉をかける場合もあります。

　いやなことをされたと思いつつも、その後で、こんなふうに普段と変わらない言葉をかけられると、「相手はいつもと変わらない様子なのだから、別におかしなことではないのかもしれない」と思ってしまうことがあります。まったく関係のない話題を持ちこむことによって、被害者の認識を軽くさせてしまうのです。

この心理を専門的に言えば、シーン⑮の心理学ひと口メモで解説した「否認」を強めることになっているのです。

強い口止めをしない場合も

　実は、先ほどの「ゲームやる？」という言葉には、加害者の意図がもう１つ隠されています。それは、直前に秘密を守るよう口止めをしたけれど、強く口止めしたと思わせるのではなく、さらっと軽くしたように感じさせる、という意図なのです。わかりにくいですよね。くわしく説明していきましょう。

　現代は、インターネットが発達したことによって、だれでも簡単に、そしてスピーディに知識を得ることができるようになりました。

　加害者の中には、どうやったら人をだますことができるのか、その手口をネットで調べている場合もあります。だからといってすぐに人をだませるようになるわけではないですが、それでも、さまざまな手口を用いてくることはたしかです。

　口止めは、性的グルーミングの典型的な手口だと述べてきましたが、中には、さまざまな関連情報を調べて、口止めをあまりに強くしすぎると、されたほうに心理的な反発が起こり、かえって言いたくなってしまうことがある、という心理現象に行きつき、それを参考にしたという加害者も存在します。

　この心理現象は、「心理的リアクタンス理論」のことを言っているのではないかと思われます。心理学の分野では、人は自由を制限されると、逆に自由を回復したいと感じる心理状態が

起こると言われています。この状態のことを、心理的リアクタンスと呼ぶのです。

　口止めに、必ずしもこの理論が当てはまるかはわかりません。でも、少なくとも、こういったところまで念入りに調べて、強く口止めしないほうがいいのだ、という知識を得て計画的にだまそうとする加害者がいることだけはたしかです。

 手なずけに気づくヒント

　困ったことがあれば、だれかに相談しましょう。話して気持ちが落ちつくこともあるし、新たな視点をもらえるかもしれません。家族や友だちには話しにくいと感じたら、第三者に相談してもいいでしょう。話すのが苦手ならSNS相談もあります。実際に多くの子どもや若者が利用していますよ。

【超自我（super-ego）】

　心理学者のフロイトは、自分を監視したり、自分に命令したりするような、道徳的な面を持っている心の部分を「超自我」と呼びました。超自我が強くなると、ある出来事に対する自分の言動が正しかったか否かを、自分自身に問うことになります。場合によっては罪悪感が強くなりすぎて、出来事に対して自分が本当に感じた気持を見失うことがあります。

【加害者による口止めの言葉の例】

　加害者のたくみな口止めの言葉をほかにもいくつかお伝えしておきたいと思います。

・**子どもを試すようにして口止めする言葉**
　「こうしてることがばれたら、どうなると思う？」

・**子どもにはずかしさを感じさせて口止めする言葉**
　「お父さんとお母さんは、こういうことをしているんだよ」

・**子どもの素直さを利用して口止めする言葉**
　「だれかに言ってはだめだよ」『はい』「えらい！」（とほめる）

　実にいろいろあります。性的グルーミングにおいては、口止めなどによって、加害者と被害者だけの閉ざされた世界になってしまうことが問題です。そこに風穴を開けられるのは、子ども自らだれかに話ができることと、周囲が子どもの様子の変化やサインに気がつき、声をかけられることだと思います。それはつまり、日ごろから子どもとの関係性を築けているかどうかが重要ということになります。

被害にあっているかもしれないあなたへ

　私はこれまで心理学者として、子どもから大人まで、性被害にあった多くの人の話を聞いてきました。でも、そうして相談するところまでたどりつけない人が、実はとても多いとも感じています。この本を読んでいる人の中にも、１人で抱えこんでいる人がいるのではと想像しています。

・あのときに何もできなかった自分を責めること
・あのときに加害者に合わせてしまった自分が悪かったと思うこと
・最終的に解放してくれた加害者に感謝の念を抱いてしまうこと
・自分がよごれたような気持ちになること
・自分には価値がないと感じられること
・自分が他人から変に見えている気がすること
・何年たってもふとした瞬間（しゅんかん）にあのときの出来事を思い出してしまうこと
・自分を傷つけたくなること……

こういった気持ちはおかしなことではなく、被害にあった人の多くが持っています。

　だれかに言っても信じてもらえないと思っているかもしれません。でも、話してみたら理解してくれるかもしれません。わけのわからなかった気持ちが少し落ちつくかもしれません。そして、これからのことが見えてくるかもしれません。話してみませんか。P160の「付録３」に相談先を載せています。

おわりに

　私が犯罪被害者の支援にたずさわるようになった1990年代から今日まで、性暴力の問題に対する社会のあり方は大きく変わってきています。以前は、男性・男子にも重大な性被害が起こっているのに、強姦の犯罪被害が成立するのは女性・女子に限られていました。性的行為について、自分で決めることができる能力があるとみなされる年齢（性的同意年齢）は、先進国の中でも低く、13歳でした。でも今は、法律が改正され、男性・男子も不同意性交等の被害者として認められますし、性的同意年齢は16歳に引き上げられています。被害者が性被害をうったえられるようになるまでは時間がかかるということが理解されるようになり、公訴時効も延長されました。これらはほんの一例です。実態にそくしていないという勇気ある声によって、ようやく変わってきたのです。

　私は、性暴力の問題について、臨床や研究を重ねることで、微力ながらも、現状の課題を世に発信してきました。他方で私は、性被害をはじめとする被害者の問題から、多くを教えられています。これまで当たり前だと思ってきたこと。ルールだから変えられないと思っていたこと。そういったことでも、疑問に思ったり引っかかりが生まれたりしたら、自分自身に問い直し、自由な発想をもってその課題に取り組めば、変化をもたらしえるということです。

　被害にあうということは特別なことではありません。私もふ

くめ、だれにでも起きうる、みんなの問題です。本書が、みなさんにとって、性暴力の問題に関心を寄せ、今後も考えていくきっかけになったのであれば、望外の幸せです。

　最後に。今回このような機会をくださったWAVE出版の福士祐さん、ありがとうございました。

2024年11月　櫻井 鼓

引用文献

本書は、以下の文献を引用しています。

Winters,G.M. & Jeglic, E. L.(2022). Sexual Grooming: Integrating research, practice, prevention, and policy. Springer

斎藤和志・小川一美・坂本剛・出口拓彦・小池はるか・廣岡秀一・石田靖彦・吉田俊和(2002).「社会志向性」と「社会的コンピテンス」を教育する(3)―中学2年生を対象とした授業実践― 名古屋大学大学院教育発達科学研究科紀要. 心理発達科, 49,227-245.

大坊郁夫(2009). 非言語コミュニケーション 日本社会心理学会(編)社会心理学事典 丸善出版 p261.

Newman,R.(2002). The road to resilience.
(https://www.apa.org/monitor/oct02/pp) 2024年7月31日閲覧

Webster,S., Davidson,J., Bifulco,A., Gottschalk,P., Caretti,V., Pham,T., Grove-Hills,J., Turley,C., Tompkins,C., Ciulla,S., Milazzo,V., Schimmenti,A., & Craparo,G.(2012). European Online Grooming Project(Final Report). European Commission Safer Internet Plus Programme,Tech.Rep
(https://europeanonlinegroomingproject.com/media/2076/european-online-grooming-project-final-report.pdf) 2024年7月31日閲覧

ジャン・エイブラム(著) 館直彦(監訳)(2006). ウィニコット用語辞典 誠信書房 pp351-356.

櫻井鼓・上田順一・藤田悟郎(2023). 児童の自画撮り画像送信・掲載行動のリスク要因 トラウマティック・ストレス,21, 157-166.
※本論文は、科研費による研究(課題番号21K03118)の成果です

Byrne,D.(1961). Interpersonal attraction and attitude similarity. Journal of abnormal and social psychology. 62(3), 713-715.

チャルディーニ,R.B.(著) 社会行動研究会(訳)(2014).影響力の武器―なぜ、人は動かされるのか(第三版) 誠信書房 p35. p97. pp185-266. pp282-285.
Cialdini,R.B.(2009). Influence: Science and practice, 5th edition. Pearson Education.

法務省（2023）. 性犯罪関係の法改正等　Q＆A
(https://www.moj.go.jp/keiji1/keiji12_00200.html)　2024年7月26日閲覧

政府広報オンライン（2023）. もっと話そう、理解しよう　#性的同意　～基礎編
～
(https://www.gov-online.go.jp/media/commercials/202311/video-270758.html)
2024年7月26日閲覧

Wason（1960）. On the failure to eliminate hypotheses in a conceptual task.
Quarterly Journal of Experimental Psychology, 12（3）, 129-140.

スターン,D.N.（著）小此木啓吾・丸田俊彦（監訳）（1989）. 乳児の対人世界（理
論編）　岩崎学術出版社　pp162-187.
(Stern,D.N.（1985）. The interpersonal world of the infant: A view from
psychoanalysis and developmental psychology. Basic Books)

鷲田清一　折々のことば（第2898回）　朝日新聞1面（朝刊）　2023年11月2日

新村出（編）（2018）. 広辞苑（第七版）岩波書店　p2946.

Craven,S., Brown,S., & Gilchrist,E.（2006）. Sexual grooming of children: Review
of literature and theoretical considerations Journal of Sexual Aggression,12（3）,
287-299.

サトウタツヤ（2004）. ミルグラムの電気ショック実験　心理学ワールド第26号
p33.

野村恵造（監修）（2017）. リーダーズ英和中辞典（第二版）　研究社　p892.

ミルグラム,S.（著）山形浩生（訳）（2012）. 服従の心理　河出書房新社
Milgram,S.（1974）. Obedience to authority：An experimental view. New York：
Harper & Row

Thorndike, E.L.（1920）. A constant error in psychological ratings. Journal of
Applied Psychology, 4（1）, 25-29.

西田公昭（1995）. マインド・コントロールとは何か 紀伊國屋書店　pp193-194.

西田公昭（監修）（2023）. マインド・コントロールの仕組み　カンゼン　p8.

中西大輔（2009）. 同調・服従　日本社会心理学会（編）社会心理学事典　丸善
出版　pp.298-299.

Omer,H. & Alon,N.（1994）. The Continuity Principle: A Unified Approach to Disaster and Trauma. American Journal of Community Psychology, 22（2）, 273-287.

Dutton, D. G., & Painter, S. L.（1981）. Traumatic Bonding: The development of emotional attachments in battered women and other relationships of intermittent abuse. Victimology: An International Journal, 6, 139-155.

内閣府男女共同参画局（2022）. 令和4年度 性別による無意識の思い込み（アンコンシャス・バイアス）に関する調査研究 調査結果

木舩憲幸（1995）. 偏見 小川一夫（監修）改訂新版 社会心理学用語辞典　北大路書房　pp303-304.

警察庁生活安全局人身安全・少年課（2024）. 令和5年における少年非行及び子供の性被害の状況
（https://www.npa.go.jp/bureau/safetylife/syonen/pdf_r5_syonenhikoujyokyo.pdf）2024年6月21日閲覧

ユネスコ（編）浅井春夫・艮香織・田代美江子・福田和子・渡辺大輔（訳）（2020）. 改訂版 国際セクシュアリティ教育ガイダンス―科学的根拠に基づいたアプローチ　明石書店

UNICEF（2010）. Child Abuse Prevention Brochure for the Philippines:Say No, Run, Tell.
（https://resourcecentre.savethechildren.net/document/child-abuse-prevention-brochure-philippines）2024年6月23日閲覧

FBI（2024）. Sextortion: A Growing Threat Preying Upon Our Nation's Teens.
（https://www.fbi.gov/contact-us/field-offices/sacramento/news/sextortion-a-growing-threat-preying-upon-our-nations-teens.）　2024年6月26日閲覧

Wolak,J., Finkelhor,D., Walsh,W., & Treitman,L.（2018）. Sextortion of Minors: Characteristics and Dynamics. Journal of Adolescent Health, 62, 72-79.

Kessler,R.C., Sonnega,A., Bromet,E., Hughes,M., & Nelson,C.B.（1995）. Posttraumatic stress disorder in the national comorbidity survey. The Archives of General Psychiatry, 52, 1048-1060.

櫻井 鼓（2019）.　被害後早期における犯罪被害者および遺族のPTSD症状 トラウマティック・ストレス，17, 63-71.

参考文献

本書の専門用語の解説は、正確性よりも読者にわかりやすく伝えることを優先していますので、厳密に言えばやや異なる点があります。以下の文献を参考にしています。

ヒンシェルウッド,R.D. (著)　衣笠隆幸 (総監訳) (2014). クライン派用語事典　誠信書房

小此木啓吾 (編集代表) (2002). 精神分析事典　岩崎学術出版社

立木康介 (監修)　(2003). 面白いほどよくわかるフロイトの精神分析　日本文芸社

「性的グルーミング」についてより専門的に知りたい方は、以下の文献を参考にしてください。

櫻井鼓・横浜思春期問題研究所 (編) (2024). SNSと性被害－理解と効果的な支援のために　誠信書房

櫻井 鼓（さくらい・つつみ）

追手門学院大学心理学部教授
横浜思春期問題研究所副所長

公認心理師、臨床心理士、博士（教育学）。警察庁長官官房給与厚生課犯罪被害者支援室、神奈川県警察本部警務課被害者支援室、同少年育成課少年相談・保護センター勤務を経て現職。内閣府、こども家庭庁、警察庁の有識者検討会委員を務める。専門は犯罪心理学、トラウマ研究。これまで性犯罪・殺人・交通死亡事件などの被害に遭った方やご家族の支援、性加害・窃盗・家庭内暴力などの非行少年の相談、犯罪被害者の心理鑑定、トラウマ研究に携わる。編著書に、『SNSと性被害 理解と効果的な支援のために』（誠信書房）、『性暴力被害者への支援 臨床実践の現場から』（誠信書房）がある。

「だれにも言っちゃだめだよ」に
従ってしまう子どもたち
たくみに手なずける「ずるい言葉」

2024年11月26日　第1版第1刷発行

著者　　　櫻井 鼓

発行所　　株式会社WAVE出版
　　　　　〒136-0082 東京都江東区新木場1丁目18-11
　　　　　E-mail : info@wave-publishers.co.jp
　　　　　https://www.wave-publishers.co.jp

印刷・製本　中央精版印刷株式会社

NDC140　159p　19cm　ISBN978-4-86621-489-4

身近な人やSNSで知り合った人とのやりとりで「おかしいな」とか「いやだな」と思ったことを書いてみよう

性的なことを言われたり、性的な行為をされたりして、あなたがいやだと思ったら、それは性暴力です。いやだということを相手に伝えたり、その場からにげたりするためには、まずは「おかしいな」「いやだな」と思う自分の気持ちに気づくことが大切です。

おかしいなと思った出来事

連絡手段は？（コミュニケーションアプリ、DM、対面など）

相手は？

どんなこと？

いやだなと思った出来事

連絡手段は？（コミュニケーションアプリ、DM、対面など）

相手は？

どんなこと？

おかしいなと思った出来事

連絡手段は？（コミュニケーションアプリ、DM、対面など）

相手は？

どんなこと？

いやだなと思った出来事

連絡手段は？（コミュニケーションアプリ、DM、対面など）

相手は？

どんなこと？

「いいな」と思う人や
これから交際を
始める人との関係を
4コマまんがに
してみよう

まんがは、今の2人の状態からスタートさせて、今後どうなるか、というところまでを起承転結で描いてみます。どうでしょうか？　その人との関係はどんなふうに進んでいきそうですか？　困難があっても交際を続けていけそうですか？　絵を描くのが得意ではない人は、文章にしてみましょう。

起

承

転

結

性被害の相談先

　この本は、性被害を防止するという観点から、みなさんに、加害者が性被害に誘導する手口について知ってほしいと思って書きました。ただし、どんなに気をつけていても被害を防ぐことができないということもありますし、それはあなたが悪いのではありません。そういったとき、性被害に関する相談を受けてくれる場所があります。いくつかの例を表にあげますので、あなた自身が、子どもが、知り合いが、被害にあったときに思い出してください。

警察 性犯罪被害相談電話	#8103（緊急のときは110番）（通話料無料） 各都道府県警察の性犯罪被害相談電話につながります。
児童相談所 虐待対応ダイヤル	189（通話料無料） 最寄りの児童相談所につながります。18歳未満の子どもに関する相談に応じてくれます。
性犯罪・性暴力被害者のためのワンストップ支援センター	#8891（通話料無料） 最寄りのワンストップ支援センターにつながります。性犯罪・性暴力に関する相談窓口です。
内閣府 Cure time	https://curetime.jp/ 性暴力の悩みについて、SNS相談・メール相談ができます（毎日17時〜21時）。
被害者支援センター	https://www.nnvs.org/shien/list/ 公益社団法人全国被害者支援ネットワークのホームページに、最寄りの被害者支援センターが掲載されています。性暴力等の被害者の相談に応じてくれます。

　ちなみに、私が副所長をしている
横浜思春期問題研究所
（https://shishunkimondai.com/）でも、
若年者のみなさんの性被害に関する
心理相談を受け付けています。

「横浜思春期問題研究所」
二次元バーコード